Pubblicato con

Moltiplica gli Utili del Tuo Business
con il Miglior strumento di Marketing e Branding.
Il tuo Libro in Soli 17 Giorni.

BOOKNESS
www.bookness.it

Claudio Di Nicola

La Comunicazione Sentimentale

Un Nuovo Metodo Pedagogico

Claudio Di Nicola

nickynicola@hotmail.it

La Comunicazione Sentimentale
Un Nuovo Metodo Pedagogico

1ª edizione **Ottobre 2019**

ISBN: 9781699185025

Ai miei Figli Alessandro ed Heidi Claudia

….. Semplicemente Eroici

Ad Antonio Mercurio, Padre Maestro e Mito

Alle Donne ed alle Madri che mi hanno riconosciuto

Presentazione dell'Opera

L'Opera propone all'attenzione del Pubblico dei Lettori un Messaggio di merito circa l'opportunità di portare nella Istituzione Scuola un nuovo modo di fare pedagogia (di formarne gli Attori: docenti e discenti) e di portare nelle Istituzioni in generale una formazione della persona "capace" di migliorarne la comunicazione.

La proposta viene presentata attraverso gli strumenti operativi storicamente costituiti dall' Autore nel corso della sua vita professionale:

- l'esperienza radice della "sperimentazione ufficiale" del Metodo, prima sintesi di un percorso di ricerca;

- i contributi e strumenti di lavoro, elaborati dall'Autore negli anni successivi, frutto della propria attività professionale.

Si compone di due parti.

La prima parte propone gli ATTI della sperimentazione ufficiale (istituzionale) del Metodo (I.R.R.S.A.E. D'ABRUZZO 1992).
Furono presi appunti scritti da più componenti dell'equipe di conduzione del Corso durante lo svolgimento delle attività di realizzazione.
Gli stessi furono ripresi ed ordinati alla fine del corso (nonché integrati con gli opportuni commenti ad opera dell'Autore), per facilitarne lettura e comprensione di senso per il Lettore.
Furono redatti poi (così come attualmente stampati) nel corso dei mesi agosto – dicembre 1992 e, nella loro stesura definitiva, nel corso dell'anno 1993.

La seconda parte raccoglie i contributi e gli strumenti di lavoro, elaborati dall'Autore nel corso degli anni, ed illustra il Metodo, così come al presente viene promosso e proposto nell'esercizio della attività professionale dello stesso e portato alla attenzione delle realtà interessate: le Istituzioni e tutte le persone a qualunque livello di status e ruolo.

L'Opera rappresenta - in tema di Formazione della Persona – **un tentativo di colmare il vuoto che si registra, ovunque nelle Istituzioni, per la mancanza di una Educazione delle Emozioni e dei Sentimenti.**

Si rimanda alla presentazione relativa a ciascuna parte per gli approfondimenti di merito.

Indice

II PARTE

LA COMUNICAZIONE SENTIMENTALE

I PARTE

A T T I

Corso di Aggiornamento Regionale – Residenziale

"La sperimentazione del nuovo metodo pedagogico
(didattico-terapeutico)
elaborato dal Dott. Claudio Di Nicola
che si ispira ai valori della Pedagogia Sophianalitica"

Promosso da:
I.R.R.S.A.E.

Istituto Regionale di Ricerca Sperimentazione
ed Aggiornamento Educativi d'Abruzzo

Realizzato da:
CE.P.A.
Centro di Psicoterapia Analitica

Presentazione

Il CE.P.A. - Centro di Psicoterapia Analitica - ha ritenuto utile, con il presente lavoro, rendere disponibili gli Atti relativi al Corso di Aggiornamento Regionale Residenziale - promosso dall'I.R.R.S.A.E. d'Abruzzo - dal titolo:

"La sperimentazione del nuovo Metodo pedagogico (didattico-terapeutico) elaborato dal Dott. Claudio Di Nicola che si ispira ai valori della Pedagogia Sophianalitica".

Il Corso si è tenuto a Montesilvano (PE), presso l'Hotel Adriatico nei giorni 1-5 luglio 1992.

L'intento è stato quello di mettere a punto una pubblicazione, quale strumento di facile consultazione, rivolta:

a) ai partecipanti, per ripercorrere l'esperienza e farsene motivo di acquisizione definitiva attraverso una rilettura critica del materiale prodotto e dei contributi costitutivi dei lavori svolti;

b) a tutti i dirigenti del mondo della Scuola che, per il loro aggiornamento, fanno capo ai vari Istituti regionali di sperimentazione (I.R.R.S.A.E.) del Ministero della Pubblica Istruzione i quali, non avendo potuto partecipare al Corso, possono così coglierne indirettamente i frutti attraverso gli opportuni confronti dialettici con i colleghi;

c) ai docenti tutti del mondo della Scuola pubblica e/o privata, nei vari ordini e gradi, dalle materne alle Superiori fino all'Università, ai quali il nuovo Metodo pedagogico si è inizialmente ispirato;

d) agli studiosi del mondo della Scuola - nelle loro varie discipline specifiche - i quali, da una "analisi del contenuto" degli Atti, di tipo sociologico, possono trarre materiale di stimolo ed approfondimento per le loro ricerche;

e) agli studiosi di metodologia della Comunicazione ed agli operatori ed esperti di Comunicazione nel mondo del lavoro in generale per l'originale strumentazione, rappresentata dal Metodo, integrativa di ogni "know how" specialistico;

f) a tutte le persone, intellettuali e non, di ogni ceto ed età, consapevoli delle problematiche comportate nei rapporti interpersonali (genitori/ figli/ medici/ pazienti/ direttivi/esecutivi, ecc...) da una mancata educazione alla conoscenza e gestione del proprio ed altrui mondo emozionale, cui il Metodo, in ragione delle esperienze realizzate, fornisce uno strumento di innegabile aiuto ed evoluzione.

A questo fine la riproduzione dei contributi componenti le attività riportate negli scritti del presente lavoro vede rispecchiati fedelmente gli appunti presi dall'équipe del CE.P.A., soprattutto per quanto concerne gl'interventi dei dirigenti partecipanti ai quali non si è potuto sottoporre (per i limiti di economia della realizzazione di questi stessi atti) la trascrizione dei loro contributi e che, perciò stesso, non vengono individuati. La mancata individuazione e personalizzazione degli interventi tiene anche conto del fatto che il Corso - ed il Metodo sperimentato - rivestiva per i partecipanti una valenza terapeutica, contestuale a quella didattica, per la quale non si è potuto non tener conto del "segreto professionale".
Nella rielaborazione, infine, degli appunti di trascrizione delle varie attività e momenti di lavoro è stata rispettata, di proposito, l'originalità degli interventi così come trascritti. L'intento è stato, da un lato, quello di riportare con fedeltà - attraverso libertà e licenze del linguaggio - il clima di confidenza e di "colore" che ha caratterizzato i rapporti all'interno del gruppo di lavoro; dall'altro, quello di consentire, attraverso la lettura degli "errori di distrazione" (cosiddetti), la libertà, da parte del lettore, di qualunque tentativo di interpretazione.

Introduzione

Nel proporre il presente lavoro all'attenzione del Lettore, per facilitargliene la comprensione di senso, desidero innanzi tutto partecipare quei bisogni e riflessioni che da mesi e mesi - da quando cioè mi sono proposto la pubblicazione degli Atti - hanno trovato, in tanti modi, ora la forma del desiderio e della speranza, in altri momenti quella della sfiducia e della frustrazione.

Perché essermi reso conto - nel confronto continuo con decine e centinaia di docenti (per l'esattezza più di 800) ed un numero non di molto inferiore di genitori (con i quali ho lavorato in gruppo, presso scuole di ogni ordine e grado) - che la verifica del Metodo premiava sistematicamente le ipotesi di ricerca e di studio (che ne avevano guidato la elaborazione) mi metteva contemporaneamente in contatto con l'imperativo morale, forte dentro di me, di divulgarlo per favorirne esperienza e conoscenza e renderlo disponibile per il vantaggio di chiunque volesse, nella libertà, tentarne la verifica personale.

Ed ecco allora, da un lato, la spinta ed il desiderio di fare spazio nella mia vita professionale e privata a quei tempi di lavoro necessari per realizzare questa pubblicazione, dall'altro, la constatazione di "quanto" e "quale" fosse il lavoro richiesto.

La speranza di farcela in tempi brevi doveva presto fare spazio ad un diverso realismo: occorreva un tempo infinitamente più lungo di quello preventivato!

Nel frattempo la rielaborazione di tutto il materiale disponibile e la prosecuzione dell'esperienza del Metodo nella vita professionale di tutti i giorni aprivano le porte ad altre ipotesi di lavoro e direzioni di ricerca che facevano ai miei occhi "piccola" questa pubblicazione.

Al desiderio di divulgare quanto più possibile le conoscenze acquisite e "storiche" circa la pratica del Metodo, s'accompagnava l'insoddisfazione comportata dai limiti della realtà, e di riflesso delle mie capacità. Ho risolto dentro di me il conflitto proponendomi di accogliere in un secondo lavoro, di successiva pubblicazione, la "sperimentazione dell'insegnamento della Educazione Sessuale secondo il nuovo Metodo Pedagogico" realizzata in una 5^ elementare di una Scuola di Abruzzo (terra generosa di doni per me) nell'anno 1993, e di rimandare ad una ulteriore pubblicazione i risvolti che l'impiego del Metodo può comportare quando messo al servizio dei professionisti della Psicologia, e non solo, nei vari contesti applicativi.

Avendo avviato, nel merito, "corsi di formazione in metodologia della comunicazione interpersonale" presso la sede del Ce.p.a., le esperienze già maturate forniscono una gran quantità di materiale e consentono tutto un lavoro di sistemazione teorica anch'esso avviato, per rendere definiti i campi di applicazione del Metodo nella sua valenza terapeutica, dopo quella didattica.

Il Metodo, infatti, lavorando sulla "comunicazione", non persegue soltanto - per deduzione logica (sul piano teorico) e per verifica sul campo (sul piano pratico) - il valore di promuovere la produttività della comunicazione stessa nei vari contesti delle relazioni interpersonali.

Esso realizza molto di più.

Favorendo in ogni soggetto "attore" della comunicazione - a partire dalla comunicazione con se stesso - la presa di coscienza di quanto la componente razionale del linguaggio sia interferita e deformata (fin dal "farsi" e "porsi" della sua percezione) dal proprio mondo emozionale rimosso, e consentendo per allenamento la ri-conoscenza e la gestione di quel mondo, attraverso la dotazione ed il recupero del vocabolario funzionale che si attua nella contestualità del seminario esperienziale, il Metodo realizza in modo naturale un recupero di quel "rimosso" che nelle discipline psicoterapico-analitiche viene identificato come causa e componente dell'equilibrio nevrotico della persona.

In sostanza la portata applicativa del Metodo si può vedere riassunta - a giustificazione della valenza didattica e di quella terapeutica ad esso attribuite - nella seguente **equazione:**

Così come il linguaggio e la comunicazione, nelle attese consapevoli ed intenzionali dei proponenti, **vedono i loro obiettivi inficiati da mondi emozionali** e creativi non presupposti, perché non adeguatamente conosciuti e gestiti: (l'incognita)

Così la identificazione di quei mondi emozionali e creativi - fatti spazio e portati alla conoscenza e sotto il controllo dell'Io consapevole – **consente all'Io di** operare interventi di separazione e di pulizia tra il razionale e l'emozionale (della propria persona in comunicazione) e **recuperare** creatività mirate sull'obiettivo della comunicazione stessa che viene cosi conseguito (perché sollevato da dinamiche di conflittualità normalmente subite !): (la soluzione).

E **così come il "rimosso"** ("incognito" per definizione) **minaccia l'Io** costringendolo, per difesa, a modificare comportamenti e funzioni in realtà patologiche:
così il rimosso "recuperato" - nella pratica del Metodo: in conoscenza ed "accesso" per sensazioni, emozioni, sentimenti, fantasie, immaginazioni, desideri, sogni, intuizioni, ricordi (la soluzione /obiettivo terapeutico) **- consente "terapeuticamente" all'Io** di riappropriarsi di modalità di funzione meno segnate da disagio esistenziale e da disfunzioni organiche (le somatizzazioni).

Il mio desiderio è che la presente pubblicazione riesca stimolo, per il Lettore, nelle direzioni prospettate.

Claudio Di Nicola

L'equipe che ha condotto il Corso

Il CE.P.A. ha composto l' équipe per il corso I.R.R.S.A.E. di

Montesilvano con le seguenti persone:

1) **Claudio Di Nicola,** presidente del CE.P.A., sophianalista di datta, nella veste di responsabile dell'équipe.

2) **Giulia Irrera,** direttrice del CE.P.A., sophianalista didatta.

3) **D'Archivio Dante,** Sophianalista didatta dell'Istituto di Psicoterapia Analitica Esistenziale di Pescara.

4) **Del Galdo Giovanni**, Psicoterapeuta S.U.R.

5) **Di Marco Paolo,** Ricercatore S.U.R., Assistente del Dipartimento di Psicopedagogia della Comunicazione del CE.P.A.

Capitolo Primo

Il Ce.p.a. - Centro di Psicoterapia Analitica

È una associazione accademico scientifica e culturale - giuridicamente costituita - che dal febbraio 1984 opera nel sociale attraverso:

a) l'offerta di consulenze specialistiche nel campo della sociopsicologia e della psicoterapia sophianalitica (servizi di consultorio).

b) la promozione di seminari (residenziali e non), gruppi di studio, conferenze, dibattiti sui temi della psicoterapia analitica e della antropologia esistenziale (attività culturale e di ricerca scientifica).

c) La realizzazione di attività di formazione e di ricerca rivolte al mondo della Scuola, della famiglia, del Lavoro (Dipartimenti).

Il Ce.p.a. aderisce alla associazione scientifico culturale S.U.R.*

La S.U.R. - Sophia University of Rome

è una "Associazione internazionale di Antropologia Personalistica, di psicoterapia e di sophianalisi" con sedi a Roma, Ginevra, Parigi, Bruxelles.
È stata fondata nel 1978 da Antonio Mercurio con lo scopo di "fondare e promuovere una Università libera internazionale di Antropologia Personalistica Esistenziale, per una migliore qualità della vita" (art. I dello statuto costitutivo) con l'obiettivo della diffusione della propria Scuola di pensiero.

I Dipartimenti del Ce.p.a.

Il Ce.p.a. fa nascere i Dipartimenti nell'ambito delle attività di ricerca e di formazione permanente che intercorrono tra gli istituti della SUR - tra cui il Ce.p.a. - e la SUR stessa.

Esso viene promosso a seguito di una sollecitazione del Presidente della SUR Antonio Mercurio, rivolta ai Direttori degli Istituti aderenti, in occasione di una delle riunioni tenute nel corso del primo semestre dell'anno 1990 (Frascati: riunione dei direttori, 24/25 febbraio; 31 marzo/1 aprile; 26/27 maggio).

L'invito è ad avviare - ciascuno scegliendo campi congeniali e coerenti con i propri interessi scientifici - settori specifici di ricerca da porre a punto di riferimento e di raccordo per quelle attività di natura analoga in essere o da promuovere, nei singoli istituti, oltre quelle della formazione e/o promozione della psicoterapia sophianalitica. I direttori del Ce.p.a., Claudio Di Nicola e Giulia Irrera - considerando le finalità previste dall'art. 2 dello statuto del Cepa - propongono nella stessa riunione la costituzione di due Dipartimenti denominati:

a) Dipartimento di Pedagogia Sophianalitica

b) Dipartimento di Psicologia e Psicoterapia

In data 7/7/1990 il Comitato esecutivo del Ce.p.a. ratifica le seguenti "modifiche statutarie" (come richiesto dalla SUR):

art. 2, lettera d,2: "Una Scuola di formazione nel campo della psicologia, psicoterapia analitica ed antropologia esistenziale, articolata in due Dipartimenti, ciascuno attivato in accordo bilaterale con la SUR:

1) **DIPARTIMENTO DI PEDAGOGIA SOPHIANALITICA**, per la formazione ed aggiornamento rivolti a quanti operano nel campo delle attività culturali e socio - sanitarie (insegnanti di ogni ordine e grado nelle strutture pubbliche e private, operatori delle strutture U.S.L.).

2) **DIPARTIMENTO DI PSICOLOGIA E PSICOTERA-
PIA**, per la formazione ed aggiornamento rivolti a quanti, in possesso di laurea e/o laureandi in medicina o psicologia, desiderino ulteriormente specializzarsi nel campo della psicoterapia analitica "al fine di esercitare la professione di psicoterapeuta individuale e di gruppo". Questo secondo Dipartimento è stato sostituito, al presente, dal "Dipartimento di Psico-Pedagogia della comunicazione" come appresso specificato.

IL Ce.p.a., con i Dipartimenti, da un lato intende fornire naturale cornice evolutiva alle attività dell'associazione nell'ispirazione delle norme statutarie, dall'altro si propone di dare risposta al bisogno della S.U.R. di vedere raccordate le attività istituzionali nella reciprocità degli "accordi bilaterali".

Il Dipartimento di Pedagogia Sophianalitica.

Il Dipartimento ha per obiettivo la promozione - nel pubblico e nel privato sociale - di alcune tra le possibili letture dell'aspetto pedagogico del pensiero di Antonio Mercurio.

In particolare la "lettura" tesa al recupero ed alla valorizzazione dell'esperienza, conoscenza e padronanza del mondo emozionale della Persona. ("Persona" intesa secondo la definizione della Antropologia esistenziale Personalistica).

Per la realizzazione di questo scopo il Dipartimento promuove, nella sede del Ce.p.a., attività di gruppo - di natura didattica e terapeutica - la cui conduzione è qualificata dalla formazione in psicoterapia sophianalitica individuale e di gruppo (Sophianalisi).

Il Dipartimento promuove altresì seminari residenziali (tanto nella sede del Ce.p.a., come fuori sede), organizza vacanze, corsi di formazione e conferenze nelle Scuole, dibattiti ed ogni altra iniziativa coerente con gli obiettivi sociali del Ce.p.a. e della S.U.R..

Il Dipartimento di Psico-Pedagogia della Comunicazione

Il Dipartimento promuove l'organizzazione e l'elaborazione delle ricerche, studi, ed esperienze realizzate dal Ce.p.a. nel campo della comunicazione interpersonale e sugli aspetti problematici della stessa.

Scopo del Dipartimento è quello di approfondire e specializzare la ricerca su questi temi e su quello della conflittualità ad essi connessa, facendo particolare riferimento, per questo fine, al nuovo Metodo pedagogico (didattico-terapeutico) elaborato dal dott. Claudio Di Nicola ed ispirato ai valori della Pedagogia Sophianalitica di Antonio Mercurio. L'obiettivo del Dipartimento è anche quello di favorire una ulteriore sperimentazione, conoscenza e promozione del Metodo stesso. A tal fine il Dipartimento promuove spazi di collaborazione e confronto sulle metodologie della comunicazione - tanto nella sede del Ce.p.a. come fuori sede - secondo "moduli" di attività definite: "Seminari esperienziali sui processi della comunicazione interpersonale".

Le attività realizzate attraverso i Dipartimenti

Il Ce.p.a. fa confluire nei Dipartimenti tutte le attività didattiche di natura ordinaria interna (seminari di studio in sede, residenziali, gruppi didattico terapeutici, conferenze) nonché esterna (seminari residenziali, vacanze "intelligenti"). Sono attività di formazione attraverso "corsi" - denominati "progetti Ce.p.a." - rivolte in taluni casi in modo informale (anche se con regolarità), altre volte in modo formale, a quanti operano nel mondo delle Istituzioni (Scuola, Famiglia, Sanità, Assistenza sociale, Protezione civile) e nel mondo del lavoro in generale ("personale" di Azienda Pubblica o Privata).

In particolare, per quanto concerne la Scuola, i corsi e Progetti realizzati sono stati promossi e finanziati, in Abruzzo e nel Lazio, da Enti locali, Distretti scolastici, Provveditorati.

Tali corsi hanno consentito una progressiva messa a punto del Metodo favorendone la sperimentazione ufficiale da parte dell'I.R.R.S.A.E. d'Abruzzo. Vengono di seguito riportati, per ciascuna esperienza: l'anno di realizzazione, la località, l'Ente committente, la struttura e utenza di riferimento, il monte ore.

1988 Avezzano (AQ) Amministrazione comunale, scuola materna ed elementare 1° e 4° circolo, 30 ore.

1990 Aprilia (LT) Amministrazione comunale, scuola materna ed elementare 1° circolo, 66 ore.

1990 Avezzano (AQ) Amministrazione comunale, asilo nido comunale, 30 ore.

1990 Avezzano (AQ) Amministrazione comunale, scuola media inferiore, 30 ore.

1990 L' Aquila Provveditorato agli studi: corso di educazione alla salute e prevenzione del disagio esistenziale per docenti referenti (materne, elementari, secondarie 1° e 2° grado), 56 ore.

1991 Sulmona (AQ) Distretto scolastico: liceo classico, 66 ore.

1991 Pratola (AQ) Distretto scolastico: istituto tecnico industriale, 66 ore

1991 L'Aquila Distretto scolastico, istituto tecnico industriale, 66 ore.

1991 Avezzano (AQ) Distretto scolastico: istituto tecnico commerciale, 66 ore.

1991 L'Aquila 19 luglio, Amministrazione provinciale: Manifestazione e conferenza dibattito su: la Pedagogia Sophianalitica, 3 ore.

1991 Avezzano (AQ) Provveditorato agli studi: Corsi di aggiornamento per docenti referenti (materne, elementari, secondarie 1° e 2° grado): "Formazione in Pedagogia Sophianalitica, con obiettivo l'educazione alla salute e la prevenzione del disagio esistenziale, secondo il Metodo didattico-terapeutico del Dott. Claudio Di Nicola", 42 ore.

1991 Sulmona (AQ) Provveditorato agli studi: Corsi di aggiornamento per docenti referenti (materne, elementari, secondarie 1° e 2° grado): "Formazione in Pedagogia Sophianalitica, con obiettivo l'educazione alla salute e la prevenzione del disagio esistenziale, secondo il Metodo didattico-terapeutico del Dott. C. Di Nicola". 42 ore.

1992 Avezzano (AQ) Amministrazione comunale: asilo nido comunale, 30 ore.

1992 Montesilvano (PE) I.R.R.S.A.E. d'Abruzzo: Corso di aggiornamento regionale residenziale. "La sperimentazione del nuovo Metodo pedagogico (didattico- terapeutico) elaborato dal Dott. C. Di Nicola che si ispira ai valori della Pedagogia Sophianalitica" 40 ore.

1992 Acri (CS) Assessorato ai servizi sociali: I.P.A.E. (Istituto di Psicoterapia Analitica Esistenziale), contributo al "Corso di formazione alla prevenzione della tossicodipendenza" per insegnanti delle scuole di 1° e 2° grado (autorizzato dal Provveditorato agli studi di Cosenza) promosso e realizzato dall'I.P.A.E. di Cosenza: "La prevenzione secondo il nuovo Metodo pedagogico del Dott. Di Nicola che si ispira ai valori della Pedagogia Sophianalitica", 8 ore.

1992/1993 Gioia dei Marsi (AQ) Scuola elementare: "Corso di educazione sessuale secondo il nuovo Metodo pedagogico del Dott. Di Nicola", 30 ore.

1993 Aprilia (LT) Liceo scientifico: "Seminario esperienziale sui processi della Comunicazione interpersonale", 20 ore.
Promotori delle attività dei Dipartimenti e realizzatori dei Progetti sono stati Claudio Di Nicola e Giulia Irrera (direttori del Ce.p.a.) con la collaborazione, nell'ordine, di:

- Iolanda Spina,

- Salvatore Maggiore,

- Luigi Atella,

- Dante D'Archivio,

- Giovanni Del Galdo,

- Daniela Mignone,

- Paolo Di Marco,

- Claudia Di Nicola,

- Ilio Leonio.

Capitolo Secondo

I.R.R.S.A.E. d'Abruzzo

L'I.R.R.S.A.E. Istituto Regionale di Ricerca, Sperimentazione ed Aggiornamento Educativi d'Abruzzo. L'istituto ha personalità giuridica di diritto pubblico ed autonomia amministrativa ed è sottoposto alla vigilanza del Ministero della Pubblica Istruzione.

L'Istituto ha sede in L'Aquila.

I compiti dell'Istituto prevedono lo svolgimento di attività indirizzate a:

1. raccogliere, elaborare e diffondere la documentazione pedagogico-didattica;

2. condurre studi e ricerche in campo educativo;

3. promuovere ed assistere l'attuazione di progetti di sperimentazione cui collaborino più istituzioni scolastiche;

4. organizzare ed attuare iniziative di aggiornamento per il personale direttivo e docente della scuola;

5. fornire consulenza tecnica sui progetti di sperimentazione e sui programmi, sui metodi e sui servizi di aggiornamento culturale e professionale dei docenti e collaborare all'attuazione delle relative iniziative promosse a livello locale;

6. assumere iniziative e fornire strumenti ai fini del coordinamento delle attività di aggiornamento,

7. Collaborare, a richiesta, con la Regione Abruzzo per il conseguimento dei fini indicati dagli articoli 47 e seguenti del decreto del

Presidente della Repubblica 24 luglio 1977, n. 616 e da quelli previsti dalle leggi regionali sulla formazione professionale e sul diritto allo studio, in un quadro di educazione permanente.

Per l'attuazione dei suddetti compiti l'istituto si avvale, in via prioritaria, della collaborazione di cattedre e istituti universitari abruzzesi o di altre regioni. Oltre a tali finalità di carattere generale, l'istituto può svolgere specifiche attività connesse con le esigenze della Regione nel campo delle istituzioni culturali ed educative e può collaborare ad attività di ricerca a carattere nazionale ed internazionale.

Capitolo Terzo

Promemoria di individuazione dei momenti di lavoro del Corso

riassuntivo della articolazione delle attività seminariali (nella loro distribuzione per mattine e pomeriggi) nell'arco delle cinque giornate di lavoro, dal mercoledì 1° luglio alla domenica 5 luglio 1992.

Individuazione, in successione, dei momenti di lavoro nelle 5 giornate.

1° giorno (mercoledì 1 luglio 1992)

Mattino

Presentazione del corso e dell'équipe del CE.P.A.
Illustrazione dei contenuti delle attività seminariali nelle loro modalità operative.
Autopresentazione libera dei singoli componenti del gruppo di lavoro.
Comunicazione circa le aspettative da parte dei corsisti.
Primo confronto - nella reciprocità - sulle aspettative.
Lettura della dispensa.[1]
Interventi di commento e di chiarificazione.

Pomeriggio

Disposizione dei partecipanti in circolo.
Esposizione ed elenco delle situazioni problematiche che i singoli corsisti comunicano quale contributo richiesto per la realizzazione del lavoro seminariale. Acquisizione delle disponibilità personali di partecipazione. Votazione per alzata di mano dei "casi" raccolti e relativa graduatoria. Inizio dell' attività seminariale "specifica". La persona il cui caso è risultato 1° in graduatoria conferma la propria disponibilità ad

---

[1] Per la dispensa, vedi pag.39

essere soggetto attore del primo "allenamento" secondo il Metodo oggetto di sperimentazione.

Il lavoro viene svolto normalmente ed assorbe il tempo previsto dal Programma per il pomeriggio.

2° giorno (giovedì 2 luglio 1992)

Mattino

Viene elaborata secondo il Metodo, in allenamento normale, la situazione problematica risultata seconda in graduatoria.
La Persona interessata si dichiara disponibile a lavorare.
Il lavoro si svolge normalmente nell'arco della mattinata.

N.B. I lavori sono stati provvisoriamente fermati per consentire ad un Preside finora non presente di chiarire il suo ritardo e di porsi produttivamente all'interno del gruppo di lavoro.

Pomeriggio

Il Metodo viene applicato alla situazione "tipo" di conferenza o altra esposizione da parte di un relatore in contesti istituzionali (collegio docenti, assemblea, lezione di classe).
La simulazione viene realizzata con la lettura da parte di un membro dell'équipe di un "titolo" scelto dai presenti, secondo votazione, tra un numero di 5 relazioni (titoli) offerte alla lettura dei partecipanti tutti.
La "situazione problematica", come nella "definizione" del Metodo, viene fatta coincidere, per la parte razionale, con i contenuti teorici della relazione.
Alle richieste di chiarificazione da parte dell'uditorio ed alle risposte della relatrice (prima parte del Metodo) fa seguito la comunicazione dell' "emotivo" (seconda parte del metodo) e quindi la comunicazione, da parte di tutti i partecipanti, del mondo immaginario creativo (terza parte del Metodo) stimolato dai contenuti fin qui accumulati nelle precedenti "parti".

Il lavoro viene svolto normalmente ed assorbe il tempo previsto dal Programma.

3 ° giorno (venerdì 3 luglio 1992)

Mattino

Viene proposto il 3° caso in graduatoria. La persona interessata non si sente di lavorare dichiarando che la situazione problematica – precedentemente presentata e votata - è stata elaborata e risolta autonomamente.

Viene trattato il 4° caso in graduatoria, avendo la Persona interessata dichiarato disponibilità.
Il lavoro si svolge normalmente ed assorbe il tempo previsto dal programma.

Pomeriggio

Viene dedicato alla lettura individuale dei successivi 5 titoli che vengono consegnati. Si procede quindi alla elaborazione, per gruppi, con i singoli membri dell'équipe, delle problematiche connesse alla esperienza del Metodo, con obiettivi critico-costruttivi.

4° giorno (sabato 4 luglio 1992)

Mattino

Viene riproposto, a richiesta di più "interessati", il caso della mattina precedente.
La richiesta vede due direttori, interessati alla stessa situazione problematica, desiderosi di "lavorare" congiuntamente.
Il gruppo accoglie la richiesta.
Subito dopo uno dei due direttori ritira la propria adesione. Conseguentemente anche il secondo direttore si dichiara non più disponibile.
Si procede, secondo graduatoria, ad elaborare una successiva

situazione problematica. Il lavoro si svolge normalmente ed assorbe il tempo previsto dal Programma.

Pomeriggio

Vengono offerti alla lettura dei partecipanti ulteriori 5 "titoli" (dal n. 11 al n. 15) da leggere individualmente.
Si procede per votazione alla scelta del titolo su cui "lavorare" con il Metodo per i numeri: dal 6 al 15.
La simulazione viene ancora realizzata con la lettura, da parte di un membro della équipe, del "titolo" scelto dai partecipanti.
Anche questa volta la "situazione problematica" come nella "definizione" del Metodo, viene fatta coincidere, per la parte razionale, con i contenuti teorici della relazione.
Analogamente, secondo il Metodo, si procede per le successive parti ed il lavoro assorbe il tempo previsto dal Programma.

5° giorno (domenica 5 luglio 1992)

Mattino

Le attività della mattina prevedono, a scelta, di lavorare secondo due modalità:

a) ennesimo allenamento su una situazione problematica (in graduatoria) - come per le mattine precedenti - con conferma della sperimentazione del Metodo per la sua valenza didattica.

b) applicazione del Metodo ad una situazione problematica da scegliere, tra quelle in graduatoria e non, con lavoro sulla stessa da parte dell' équipe in veste di "consulente", con sperimentazione del Metodo per la sua valenza terapeutica.

I corsisti scelgono la modalità b).
Una direttrice si offre per lavorare su un situazione problematica sofferta a scuola con una collaboratrice di segreteria.

Il lavoro viene svolto nei tempi e nei modi previsti dal Metodo con dichiarazione di soddisfazione e di sollievo da parte dell'interessata.
Il tutto ha assorbito il tempo di lavoro previsto dal Programma.

Pomeriggio

Il tempo di lavoro viene occupato, ad esaurimento, da pluralità di incontri bilaterali tra singoli membri dell'équipe e singoli corsisti, con l'obiettivo di perfezionare chiarimenti definitivi circa gli aspetti del Metodo, la sua portata applicativa (nelle direzioni dell'orientamento scolastico, dell'educazione sessuale, della prevenzione del disagio esistenziale, dell'elaborazione della "conflittualità"), la sua produttività, tanto per la valenza didattica come per la valenza terapeutica.

Capitolo Quarto

Dispensa
La formazione dei Formatori

Formazione e/o aggiornamento per dirigenti I.R.R.S.A.E.
secondo il Metodo pedagogico del Dr. Claudio Di Nicola.

Premessa

Nel panorama delle iniziative che in generale hanno per oggetto la realizzazione di attività di formazione - con obiettivo la Formazione dei Formatori - poche tengono conto del fatto che, qualunque sia il contesto istituzionale in cui queste iniziative si calino (Scuola, Sanità, Assistenza Sociale, Protezione Civile ecc... ovvero Agricoltura, Commercio, Industria, Artigianato, Terzario in generale), vanno tenuti prioritariamente presenti ed opportunamente considerati i "rapporti interpersonali" che, sottendendo quelle attività, ne strutturano la realizzazione concreta.

Nei vari momenti sociali, infatti, nei quali si pongono in essere le situazioni di intervento "tipo", le persone che conducono l'esperienza - svolgano esse ruolo direttivo (ad esempio il docente di una lezione, il trainer di una esercitazione) oppure rivestano esse ruoli dipendenti (ad esempio il partecipante discente di quella lezione o esercitazione) possono realizzare il massimo della produttività e del profitto del tempo investito - e pertanto assunto come valore - a condizione che ci sia un'adeguata capacità da parte di tutte le persone coinvolte nel sapersi "porre" dentro il "rapporto interpersonale".

È cosa acquisita che in qualunque gruppo di lavoro la qualità delle relazioni interpersonali tra i membri incide significativamente sull'obiettivo che le attività di lavoro hanno per fine.

IL METODO

Breve Storia

L'attuale procedura metodologica rappresenta l'evoluzione ed il progressivo aggiustamento di alcune modalità e stili personali di conduzione dei gruppi, agiti da Claudio Di Nicola e Giulia Irrera, all'interno di seminari esperienziali (residenziali e non) della durata media di 3 ore ciascuno.

Nell'arco degli anni, dall' '81 al '90, all'interno delle attività di gruppo - condotte secondo la Metodologia Sophianalitica di formazione individuale - l'esperienza e le riflessioni su di essa hanno consentito una critica costruttiva che vedeva nel taglio psicoterapeutico un limite da superare.

L'esigenza avvertita era sempre più quella di favorire una comunicazione interpersonale che fosse capace di centrare la realtà della persona e del suo disagio esistenziale, consentendo, in modo agile e didatticamente valido, l'acquisizione di quelle conoscenze che spesso si vedevano fallite nelle normali sedute di gruppo, le quali non consentivano il recupero delle dinamiche, sofferte dal singolo, riconducendole sotto il controllo razionale dell'Io "Persona".

Si veniva così contestualmente avvertendo il bisogno di passare da un discorso terapeutico ad un discorso didattico che mantenesse, sì, le "prese di coscienza" ed i relativi "insights" a proficuo vantaggio terapeutico della persona, ma che favorisse contemporaneamente, in modo sistematico, quelle conoscenze circa il proprio modo di rapportarsi all'ambiente, presupposto irrinunciabile per ogni consapevolezza di sé. Ecco allora, spostandosi l'attenzione, come accennato, dall'obiettivo terapeutico all'obiettivo pedagogico, il graduale emergere dell'esigenza di "ordinare" i momenti di lavoro al fine di rendere più produttivo il lavoro stesso.

E poiché era sulla "comunicazione" che si accentravano i maggiori problemi, l'esigenza di dare ordine alle comunicazioni ha comportato tutto uno studio sperimentale teso ad indagarne le modalità di azione ed a "ricercare" le componenti costitutive della Persona coinvolta nell'azione "comunicativa".

Nel 1990, nel corso di n. 10 seminari, tenuti presso l'Asilo Nido della città di Avezzano alle maestre ed ai genitori dei bambini colà ospitati, all'interno di un incontro di lavoro, s'impose con forte evidenza al conduttore (Claudio Di Nicola) il bisogno di controllare due obiettivi:

Il primo: consentire a ciascun partecipante la libertà di portare tutti i contenuti del suo intervento.

Il secondo: consentire a ciascuno di poterlo fare senza "arrampicarsi" dinamicamente sugli altri e su se stesso.

Bisognava "disciplinare" con una regola concordata, facile da rispettare, e fare in modo che si sostituisse alla confusione ed al principio del piacere un ordine educato al principio della realtà.

La realtà era che in ogni posizione personale, comunicata sotto l'urgenza o la resistenza del proprio sentire dinamico, circa l'argomento in essere, confluivano confusamente una somma di: pensieri, emozioni, intuizioni, in un impasto tra fantasia e realtà.

L'intuizione del conduttore fu quella di proporre contributi separati da parte di ciascuno che, come esperimento, vedessero "precedere" i contenuti propri della descrizione della realtà, razionalmente osservabile; poi, quelli del mondo emozionale che si agitava sotto quei contenuti; infine, quelli comportati dall'attingere alle risorse della fantasia, dell'immaginazione, del desiderio, del sogno fino all'intuizione.

I successivi incontri furono assorbiti dal lavoro sperimentale di separazione in fasi di lavoro che la realtà, in sede di incontro stesso, chiedeva fossero sempre meglio delimitate ed articolate.

Il Metodo già assumeva la strutturazione che l'avrebbe portato alla forma attuale.

Nello stesso anno 1990 il Metodo veniva ufficiosamente proposto dal Provveditorato agli Studi dell'Aquila all'interno di due Corsi di

"Educazione alla Salute e Prevenzione del Disagio Esistenziale" rivolti a docenti referenti delle Scuole Materne ed Elementari l'uno, a docenti referenti delle Secondarie di I e II grado l'altro.

I riscontri di soddisfazione da parte del corpo docente, registrati tramite questionario dall'ufficio Studi del Provveditorato, consentono nel corso dell'anno seguente (ottobre, novembre, dicembre 1991) la riproposizione di Corsi di aggiornamento, da parte del Provveditorato agli Studi, che vengono tenuti in Avezzano (referenti delle Materne, Elementari, Secondarie di I e II grado) e Sulmona (Idem).

Entrambi i Corsi di aggiornamento recano nell'intestazione:

"Formazione in Pedagogia Sophianalitica con obiettivo l'educazione alla salute e prevenzione del disagio esistenziale, secondo il metodo didattico-terapeutico del Dott. C. Di Nicola".

Questi eventi segnavano una prima ufficializzazione del Metodo.

Descrizione

Nella prassi della metodologia applicata il gruppo si compone di un numero di partecipanti, secondo tipologie di riferimento, variabile fino ad un massimo di 25 unità.

Nel corso dell'incontro "tipo", della durata intorno alle 3 ore, ciascun partecipante ha libertà di chiedere ed ottenere di poter presentare una situazione problematica personale, costitutiva del suo disagio esistenziale, per la quale chiede di essere aiutato.

I conduttori del gruppo (normalmente due, con preparazione psicodinamica ed esperti del Metodo) coordinano l'assunzione dei "casi" da trattare e ne amministrano nel tempo la gestione.

Le attività di lavoro, per ogni singolo caso, si articolano in 3 parti:

Prima parte - Momento di lavoro di tipo comunicativo-razionale.

La persona scelta per esporre la situazione problematica descrive la stessa ai presenti, in tutti gli aspetti che ritiene di comunicare, e riassume il contenuto della sua esperienza quale descrizione della sua posizione personale (prima fase).

Gli altri partecipanti pongono domande e consentono, attraverso le risposte, un approfondimento della conoscenza del caso in tutti i suoi aspetti razionalmente descrivibili e riferibili (seconda fase). In questa prima parte i conduttori sono impegnati ad isolare, sottolineandola, la componente razionale della comunicazione che è sempre "carica", negli interventi dei partecipanti, delle emozioni, stimolate dal "caso" in esame, di colui che interviene.

Seconda parte - Momento di lavoro di tipo comunicativo-emozionale. Il soggetto che sta esponendo il "caso" viene invitato dai conduttori ad entrare in contatto con tutto quanto di emotivo la situazione problematica rappresentata gli comporta (prima fase). Analogamente gli altri partecipanti vengono invitati, subito dopo, a comunicare le loro emozioni personali relative agli stimoli ricevuti (seconda fase). In questa seconda parte, i conduttori aiutano coloro che intervengono a far prendere coscienza di come la tendenza generale è di razionalizzare l'emotivo (ad es. dicendo: "io penso" anziché "io sento questa emozione").

Terza parte - Momento di lavoro di tipo intuitivo, interpretativo ed evolutivo.

Il soggetto relatore del caso e tutti gli altri partecipanti, in successione libera, vengono invitati dai conduttori a prendere atto che la situazione problematica, fin qui vissuta nella descrizione razionale e nella comunicazione degli atteggiamenti emotivi, resta "problematica" e non fa intravedere soluzioni.

I conduttori invitano allora tutti i partecipanti a fare ricorso alle loro doti di fantasia, immaginazione, intuizione, favorendo e coordinando i contenuti delle comunicazioni così attivate.

Alla fine di questa terza parte i conduttori comunicano quelle loro intuizioni che essi ritengono più capaci di integrare le "prese di coscienza" dei partecipanti.

L'obiettivo è quello di consentire l'acquisizione di una chiave di lettura della situazione problematica trattata, che favorisca, dentro ciascuno, una sintesi evolutiva del proprio atteggiamento rispetto a situazioni problematiche tipo.

Nel complesso il confronto continuo e la "lettura" degli interventi operata dai conduttori - nelle varie parti di lavoro - fa sì che il gruppo tutto, realizzando una visione amplificata dei propri vissuti esperiti e riconosciuti, veda ciascuno dei partecipanti ricondursi "dentro" una consapevolezza, personalmente acquisita, di come il proprio modo di porsi nella comunicazione, secondo l'educazione ricevuta, generava conflittualità e rendeva improduttivo il processo della comunicazione stessa all'interno della situazione problematica "tipo" presa in esame.

Questa presa di coscienza e l'attivazione delle relative tecniche di riproduzione del proprio comportamento, da parte del singolo partecipante, è essenziale per la riappropriazione del proprio mondo emozionale e per la crescita della capacità di rapportarsi al mondo emozionale dell' "altro". La comunicazione ne esce arricchita in qualità.

Tale acquisizione di capacità arricchisce il bagaglio esperienziale di ogni persona e pone, dentro ciascuno, le premesse costitutive per il superamento di situazioni problematiche in generale, in ragione di un nuovo potenziale di ritrovata creatività. Le acquisizioni cognitive e di consapevolezza, sopra richiamate, rappresentano e costituiscono l'aspetto didattico del Metodo.

Le acquisizioni di capacità di superamento di situazioni problematiche in generale, in ragione di una evoluzione positiva e di recupero circa il proprio disagio, rappresentano e costituiscono l'aspetto terapeutico del Metodo.

Obbiettivi

Il metodo di lavoro realizza un'esperienza centrata sulla comunicazione che consente di conseguire gli obiettivi di seguito riportati.

1. Consapevolezza che la comunicazione, comunemente portata da un soggetto verso l'altro all'interno del rapporto interpersonale, è solo in apparenza riducibile alla logica razionale del dialogo. Nella realtà tutto il comportamento della Persona viene coinvolto nel messaggio (gestuale, verbale, ecc…).

   Il messaggio stesso, in particolare, giunge all'altro "carico" di contenuti emotivi che nella globalità esprimono e rappresentano il disagio esistenziale della Persona. Tale disagio viene percepito dall'altro solo a livello intuitivo e non sempre conscio.

2. Acquisizione della conoscenza, attraverso l'opportuna identificazione, della componente emozionale della Persona che riacquista così, nella analisi delle componenti del suo mondo emotivo (sensazioni, emozioni, sentimenti), un diritto all'esistenza che normalmente non viene concesso, anzi è forzatamente represso, nei processi relazionali normalmente in essere.

3. Consapevolezza che la comunicazione, nella quale ed alla quale siamo stati educati, genera normalmente situazioni psicodinamiche che favoriscono, nel dialogo, la confusione dei contenuti razionali ed una perdita di produttività (il "profitto" in ogni contesto istituzionale).

4. Capacità, da parte di ogni soggetto, di tenere separate, avendole identificate nella distinzione, la componente razionale e la componente emozionale con relativa acquisizione delle tecniche di "controllo" nella vita di relazione.

5. Capacità di vivere i processi della comunicazione, nel rapporto interpersonale (in specie nell'atto pedagogico), quale reale momento di crescita della maturazione e della maturità dell'individuo, con rispetto della propria identità personale.

6. Consapevolezza che è possibile realizzare una più autentica accettazione dell'altro nel riconoscimento del mondo emozionale

comune, dove ciascun "altro" è la rappresentazione "fuori" di un proprio aspetto (non sempre rimosso) della Persona "dentro".

7. Capacità di identificazione, elaborazione e superamento della conflittualità intrapersonale ed interpersonale.

8. Capacità di promuovere, nella reciprocità, una comunicazione creativa che favorisca il contatto, da parte di ciascuno, con la propria evoluzione dinamica per poterla assumere nella libertà e gestire con responsabilità ed autenticità.

9. Aumento progressivo della capacità di attingere alle risorse personali della fantasia, dell'immaginazione, del sogno, del desiderio finalizzate all'intuizione creativa.

10. Identificazione e superamento della rigidità dei propri schemi personali di comportamento che, sommandosi a quelli dell'altro, creano le situazioni problematiche. Capacità di affrontare le situazioni problematiche e di elaborarle, attraverso l'autenticità della comunicazione, secondo modalità ottimali di intervento.

11. Consapevolezza che i processi di crescita, realizzati attraverso le esperienze formativo-integrative del Metodo, consentono di accrescere e potenziare la capacità della Persona, ad ogni età, di mantenersi integrata e di non cadere vittima di regressioni, di natura nevrotica, che aprono la via ad ogni tipo di disagio, fisico ed esistenziale.

Il Metodo si propone in conclusione, di portare un contributo per approfondire esperienza e conoscenza dei comportamenti umani di relazione e per migliorare la qualità della "comunicazione". Secondo i principi che lo ispirano esso è proteso a fare spazio alla realtà della Persona "tutta" - intesa, cioè, oltreché nel suo mondo razionale, in quello emozionale e nel suo mondo dell'immaginario-creativo - ed aspira a perseguire la possibilità di una sintesi

pedagogico-esperienziale che si può valutare come obiettivo importante per lo sviluppo armonico tanto della progettualità dei singoli, come dell'istituzione stessa.

Considerazioni generali circa il mondo della Scuola

Il rapporto tra la persona docente e la persona discente, all'interno del contesto pedagogico, comporta difficoltà relazionali e situazioni problematiche che, interferendo con il profitto e la migliore produttività dell'istituzione, chiedono di essere aiutate e superate.

Nel merito vengono proposte le seguenti riflessioni come possibili punti di riferimento da tenere presenti

1. Ogni persona, piccola o grande, avverte di avere dei problemi quando entra in rapporto con altre persone;

2. I problemi individuali non risolti, nel rapporto, si sommano e disturbano la relazione;

3. Nel rapporto discente/docente l'Istituzione pone delle aspettative che se non conseguite fanno problema, infatti:

a) il discente si vede impegnato a portare a compimento un processo di formazione;

b) il docente si vede impegnato a verificare la propria capacità di aiutare quel processo di formazione.

Fino ad oggi a tutti questi problemi si è guardato (e per essi si sono cercate soluzioni) in modo prevalentemente razionale.

L'attività presentata concretizza, attraverso il Metodo proposto, un'esperienza formativa che consente di andare "oltre il razionale" e di arricchire la comunicazione interpersonale di quella autenticità che soltanto il recupero della conoscenza e del controllo della componente emozionale della persona possono rendere "creativa" di "amore" come valore. Accanto ai contenuti razionali, propri di ogni trasmissione di sapere, è reale l'esigenza di fare spazio alla conoscenza della componente emozionale ad essi connessa, la quale, come ricordato, è "fondante" la comunicazione interpersonale su cui poggia la Formazione stessa. La constatazione da fare è che il razionale, sintetizzabile nella formula cartesiana "cogito ergo sum", non si è rivelato da solo capace di risolvere la realtà esistenziale dell'uomo nella sua complessità e problematicità. Lo sviluppo della psicologia, d'altro canto ha consentito all'uomo di riappropriarsi, accanto al "pensiero", di tutta l'affettività conscia ed inconscia e dei modi simbolici con cui essa si manifesta.

Vanno allora ricercati i significati simbolici* quali valori che ci sono sempre "dietro" o "sotto" la realtà di ogni giorno:
In un contesto di classe, ad esempio, assume rilevanza, da parte del pedagogo, la capacità di ipotizzare, per un situazione problematica "tipo" (ad es. il discente che attua comportamenti di disturbo della lezione) accanto al possibile significato razionale (non è bene educato, ha problemi comportamentali ecc...) i possibili significati simbolici (è resistente alle sollecitazioni portate dal docente perché sente inspiegabilmente di avere paura e si vergogna di dirlo; oppure è possibile che il discente si senta "abbandonato" e non sappia trovare altri comportamenti per controllare l'angoscia che tale situazione comporta).
Si intuisce come, in situazioni "tipo", per il formatore debba essere promossa una progressiva capacità di riconoscersi nell'altro in crescita, dall'identificazione all'empatia, in modo che non sia più problema la ricerca di "quale modalità" portare all'interno della comunicazione.

*proponiamo per il "Simbolico" la seguente definizione:
"Simbolico" qualifica una modalità di comunicazione rappresentativa di verità emozionali ed intenzionali non accessibili alla coscienza dell'Io della Persona, se non attraverso appropriate chiavi di lettura.
*vedi Bibliografia pag. 51

LA PEDAGOGIA SOPHIANALITICA DEL CE.P.A.
(PSICO-PEDAGOGIA della COMUNICAZIONE)

Introduzione

L'esigenza di elaborare una definizione della Psico-Pedagogia della Comunicazione del Ce.p.a. integrata da quegli "aspetti" pedagogici del pensiero di Antonio Mercurio ad essa funzionali, nasce come bisogno di trovare una risposta al vuoto di attenzione che, in generale, esiste nell'istituzione, globalmente intesa, ogni qual volta la stessa propone il discorso della formazione e, strutturandone i contenuti razionali, trascura e non fa spazio alla componente emozionale ad essi connessa. Nella Scuola - anche a livello universitario - nella Sanità, nell'Assistenza Sociale, nella Protezione Civile, nei contesti delle attività formative che interessano aziende pubbliche o private, ovunque si ponga un discorso di trasmissione del sapere - sia nell'aspetto tecnico operativo (metodologia) come nell'aspetto teorico e dei valori - il rapporto interpersonale, diretto o mediato da supporti didattici, non tiene conto della componente psicodinamica sulla quale poggia ogni relazione umana. La persona in quanto tale, cioè, sia che ricopra il ruolo del docente, sia che ricopra quello del discente, non viene considerata nella totalità delle sue componenti ma ridotta a pura capacità razionale.

Negli attuali ordinamenti, che inquadrano i momenti pedagogici della formazione e/o aggiornamento, non c'è spazio sufficientemente adeguato - accanto al dato razionale - per la conoscenza teorica e l'esperienza pratica che accolga e faccia esistere il "mondo emozionale" della persona - rispettandolo - e la "creatività" della persona, prevedendone un contributo di partecipazione per l'evoluzione del sistema educativo. La Psicopedagogia della Comunicazione secondo la definizione teorico-concettuale data dal Dipartimento omonimo del CE.P.A., individua ed interpreta in chiave pedagogica alcuni aspetti del messaggio rappresentato dalla Antropologia Esistenziale Personalistica di Antonio Mercurio. Tali aspetti indicano come fondamentali lo studio, la conoscenza e l'esperienza della componente psicodinamica che, all'interno del rapporto interpersonale, sottende ed informa l'atto pedagogico.

La Psicopedagogia della Comunicazione del Ce.p.a. (Pedagogia Sophianalitica) si propone di portare nell'istituzione l'attenzione a tale componente, chiamandola a svolgere un compito di primo piano ed integrativo di ogni formazione pedagogica.

Descrizione dei principi teorico-concettuali.

1. È una pedagogia che si propone di realizzare nelle istituzioni in generale, ed in particolare nella Scuola, il recupero e la valorizzazione dell'esperienza, conoscenza e padronanza della componente emotiva della persona ad ogni età.

2. L'obiettivo è quello di reintegrare nella vita della persona - nel contesto della Formazione in particolare e della vita di relazione in generale la ricchezza derivante dal proprio mondo emozionale. Tale mondo emozionale viene spesso mortificato a causa di meccanismi di difesa psicologici che, se non ben conosciuti, si rivelano creatori di nevrosi e di disagio esistenziale.

3. L'acquisizione di precise chiavi di lettura del proprio mondo emotivo, conscio ed inconscio, consente alla persona - qualunque sia il suo ruolo nel rapporto interpersonale - di realizzare una crescita della propria persona e capacità di relazione meno segnata da disagio esistenziale.

4. La psicopedagogia della comunicazione del Ce.p.a si avvale, nella sua traduzione operativa, del nuovo Metodo pedagogico, elaborato dal Dott. Claudio Di Nicola, che realizza una sintesi

originale di varie modalità operative, alcune delle quali proprie della Sophianalisi e Sophia-Art.

5. Tale metodo prevede una attività di lavoro di tipo seminariale. Essa viene svolta in un gruppo che è di ricerca, di identificazione e di promozione della produttività della comunicazione all'interno dei rapporti interpersonali.

6. Il gruppo e denominato "gruppo di comunicazione" ed il lavoro che esso realizza si definisce "seminario esperienziale sui processi della comunicazione interpersonale".

7. Il gruppo può anche qualificarsi "sophianalitico" e "sophiartistico" per la particolare ispirazione che assume l'attività di ricerca svolta dai partecipanti e l'elaborazione della creatività incentrata sulla Persona.

Le riflessioni e definizioni - di cui i punti su esposti tengono conto - chiedono qualche ulteriore specificazione al fine di consentire un approfondimento, in chiave teorica, dei contenuti sottesi dai termini "Sophianalitico" e Sophiartistico" e di poterne comprendere e riconoscere il significato, per lo specifico uso che ne viene fatto e la cui originalità non consente una terminologia diversa.

Il termine "sophianalitico" sta ad indicare il particolare riferimento teorico-concettuale in ragione del quale I 'Io Persona", oggetto di studio e soggetto di esperienza per ciascuno, viene assunto come "principio realizzatore" di una integrazione di componenti che sono: l'Io corporeo, l'Io psichico, l'Io spirituale ed il Se', secondo l'Antropologia Esistenziale Personalistica di A. Mercurio.[2]

---

[2] Bibliografia
Antonio Mercurio "Amore e Persona" Bulzoni Editore.
Antonio Mercurio "Teoria della Persona" Bulzoni Editore.
Antonio Mercurio "Amore Libertà e Colpa" Bulzoni Editore.
Antonio Mercurio "La vie comme oeuvre d'art".
Editions de la Sophia University of Rome

L'espressione "seminario esperienziale sui processi della comunicazione" sta ad indicare sinteticamente un lavoro comune di approfondimento della conoscenza teorica delle "dinamiche psicologiche" relative ai rapporti interpersonali.

L'espressione "seminario esperienziale sui processi della comunicazione" indica anche la ricerca e l'elaborazione, attraverso l'esperienza pratica dell'incontro, dei limiti che il vissuto emotivo comporta ogni qual volta ci si pone nella realtà delle "coscienze a confronto".

I vissuti esperienziali vengono ricondotti costantemente, nell'ambito delle attività di lavoro, alle chiavi di lettura dell'Antropologia esistenziale personalistica ed agli schemi teorici della Sophianalisi.

Il termine "Sophiartistico" sta ad indicare il particolare riferimento teorico-concettuale in ragione del quale l'Io Persona", secondo modalità proprie della Sophia-Art, realizza nell'esperienza corale del gruppo, la condizione del proprio "agire artistico" e pone le premesse, in ogni soggetto, per esprimere la propria creatività e trasformare la propria vita in "opera d'arte".

I prodotti comuni del lavoro di ricerca e di manifestazione delle risorse personali di creatività vengono costantemente ricondotti, nell'ambito delle attività corali, alle chiavi di lettura e di significato proprie della Sophia-Art.

Comunicazioni razionali, vissuti emotivi e produzioni creativo-artistiche della Persona vengono così a trovare, nell'attività corale del gruppo, il loro naturale riferimento antropologico esistenziale nella Sophia-Analisi e Sophia-Art.

Sophia-Analisi e Sophia-Art costituiscono, negli ambiti istituzionali della S.U.R. - SOPHIA UNIVERSITY OF ROME, gli spazi operativi e di attualizzazione del pensiero di Antonio Mercurio.

Capitolo Quinto

ATTI

Atti relativi alla mattina del 1° giorno di lavoro (mercoledì 1 luglio 1992)

L'apertura dei lavori vede il direttore del Corso, nella persona del Dott. Cipollone agire, con la puntualità prevista dal programma, una breve presentazione dei contenuti delle attività seminariali che si andranno a svolgere.

Il Dott. Cipollone sottolinea l'originalità della circostanza e le aspettative dell'I.R.R.S.A.E. circa i riscontri di verifica attesi sull'oggetto del corso stesso; presenta, quindi, ai corsisti, l'équipe del Ce.p.a.

Il Dott. Di Nicola, responsabile dell'équipe, fa spazio ad una autopresentazione dei singoli componenti l'équipe - che "procedono" - sottolineando come in questo modo, anche dalla parte dei conduttori, ciascuno può cominciare a fare esperienza emozionale in relazione al proprio "bisogno" di esserci e di rappresentarsi.
Il Dott. Di Nicola, procede ad illustrare, per sommi capi, i contenuti delle attività seminariali (così come saranno ripresi all'interno della lettura della dispensa), dando un primo anticipo delle modalità operative e fornendo la "chiave di lettura" con la quale verranno mediati tutti i momenti di lavoro: quella di "fare spazio di attenzione" alla dimensione emozionale della persona quale momento di recupero di una componente fondamentale della vita di relazione.

Come già per i componenti dell'équipe, viene fatto spazio ad una autopresentazione da parte dei corsisti: quelli che ne sentano il bisogno. L'intento dichiarato è quello di favorire una elaborazione minima e preliminare delle dinamiche psicologiche (connesse ad ogni situazione nuova) che interessano ciascuno che si accinga a convivere con altri.

L'invito viene raccolto: in particolare da quelle figure dirigenti, poche, che per la prima volta, partecipano ad un corso I.R.R.S.A.E.; per la maggioranza dei corsisti prevalgono commenti che esprimono il piacere di riconoscersi e di ritrovarsi.
Viene fatto spazio di comunicazione a quei corsisti che sentono il desiderio di fare conoscere le proprie aspettative: l'invito viene raccolto da più parti.
Nella globalità "l'attesa" vede focalizzata una espressione di "bisogno di nuovo" rispetto all'esperienza di routine proposta nelle attività di aggiornamento promosse dall'I.R.R.S.A.E.

Attraverso la formulazione di domande e le relative risposte vengono forniti, da parte dei membri dell'équipe, riscontri di rassicurazione circa l'originalità della sperimentazione e la produttività realizzabile. Sulla scorta di queste prime comunicazioni di contatto viene richiesto da più parti che si proceda alla lettura della dispensa consegnata.

La dispensa viene letta per capitoli, alla fine di ciascuno dei quali vengono consentiti interventi per richieste di chiarificazione teorico concettuale.

Alla fine della lettura della dispensa un "mini" dibattito, ricco di interventi, favorisce commenti e chiarificazioni definitive circa gli aspetti teorici e la metodologia del corso.
Anche la parte organizzativa relativa alla disposizione funzionale dei partecipanti "in circolo", per lo svolgimento delle attività seminariali, viene comunicata ed accettata.

Atti relativi al pomeriggio del 1° giorno di lavoro (mercoledì 1 luglio 1992)

Da questo momento l'attività seminariale vede i partecipanti disposti "in circolo". *

I componenti il gruppo di lavoro sono in numero di 22 unità così identificate: 15 (delle 24 figure dirigenti prenotate) direttori e presidi, il direttore del corso, i 6 componenti dell'équipe.

I partecipanti vengono invitati ad esporre succintamente un problema personale, se lo hanno, così da poter raccogliere un elenco di "situazioni problematiche", sulle quali lavorare e "testare" il Metodo.

L'organizzazione prevede, raccolto l'elenco delle situazioni indicate, una votazione. La votazione serve ad esprimere il gradimento o il "bisogno" della maggioranza secondo i termini di una "graduatoria".

Ecco l'elenco dei problemi così come sono stati, in successione, raccolti:

1° caso (A)* In ambito collegio docenti, la situazione problematica sulla richiesta della lingua inglese, come sperimentazione. (3 voti)**

2° caso (B) Il rapporto difficilissimo tra tutti i docenti del consiglio di classe ed alcuni alunni. (4 voti)

* Alla richiesta del perché di tale disposizione, un membro dell'équipe spiega che è più funzionale agli obiettivi da conseguire. Si fa notare come l'essere "in circolo" permette "in primis" una migliore comunicazione visiva ed in seguito una facilitazione di ogni sequenza comunicativa.

** la lettera in parentesi indica, in sequenza, una lettera dell'alfabeto abbinata a ciascuna persona proponente la situazione problematica; il numero in parentesi, alla fine della singola descrizione, indica le adesioni-voto raccolte dal problema indicato.

3° caso (C) La situazione problematica comportata dai genitori che si lamentano delle maniere forti di alcuni insegnanti. (1 voto)

4° caso (D) La difficoltà del direttore a fronte del genitore che si lamenta del giudizio finale sulla scheda che non misura adeguatamente il valore del figlio. (6 voti)

5° caso (E) La situazione problematica degli insegnanti anziani resistenti alle metodologie innovative. (9 voti)

6° caso (F) La situazione problematica che ricorre nella elaborazione della diagnosi funzionale del profilo dell'allievo (handicappato). (5 voti)

7° caso (G) La situazione problematica relativa all'insegnante di cui al genitore risulta l'inadeguatezza professionale. (12 voti)

8° caso (H) Il problema della integrazione e valorizzazione delle competenze professionali dei singoli docenti. (8 voti)

9° caso (I) La difficoltà da parte del dirigente dell'istituto nel prendere posizione all'interno del collegio docenti. (4 voti)

Prima di procedere alla votazione, viene spiegato ai presenti che, senz'altro, tutte le situazioni problematiche sono di uguale importanza e che, tuttavia, è altrettanto importante che la maggioranza dei presenti possa indicare l'ordine di successione con cui intende affrontare le situazioni relative.

Viene spiegato che dentro ciascuno esistono maggiori o minori resistenze verso un qualunque caso-problema a seconda di come, dentro ciascuno, incide la propria storia di vita ed esperienza personale, conscia ed inconscia.

La spiegazione viene recepita ed accettata.

La votazione dà il riscontro elencato appresso:

1° Il caso di G
2° Il caso di E
3° Il caso di H
4° Il caso di D
5° Il caso di F
6° Il caso di B
7° Il caso di I
8° Il caso di A
9° Il caso di C

Prima di dare la parola a chi lavorerà, viene chiesto a ciascun partecipante di accettare e rispettare il "principio" del segreto professionale. L'impegno viene assunto da ciascuno.

Lavora la persona che ha esposto il caso primo in graduatoria:
"la situazione problematica relativa all'insegnante di cui al genitore risulta l'inadeguatezza professionale".

Prima Parte

(È il momento di lavoro di tipo comunicativo razionale)

Prima fase

(Sintesi espositiva)

G.: il problema riguarda personale docente, quasi sempre anziano, sia per difficoltà di inserimento sia per pregiudizio verso l'età. L'insegnante anziano non riesce ad inserirsi, per modalità didattiche superate, e viene percepito dal genitore come non funzionale.
Il livello culturale generale è altro per cui il genitore non lo desidera.
Il dirigente nella sua coscienza lo ritiene vero e lo verifica ma, essendo un servizio pubblico, deve difendere il docente. E diventa una contraddizione.

I genitori conoscono altri insegnanti più bravi.

Nei docenti c'è un malessere e lo comunicano all'utenza (genitori). Nella lettura delle valutazioni quadrimestrali trovo due errori di ortografia per due insegnanti. I genitori me lo fanno notare e lo dicono anche ad altri insegnanti. Le due docenti chiedono che, per il prossimo anno, venga loro affidata una classe IV^a ed una classe V^a.

Tra l'una e l'altra collega si pestano i piedi a vicenda e mi mettono in difficoltà. Probabilmente le metterò in una classe a "modulo" dove le altre colleghe si caricheranno del loro lavoro.

Seconda fase.

(si riportano le risposte a domande poste dai partecipanti)

- La valutazione finale avviene con responsabilità personale dell'insegnante salvo i casi di un disabile.

- Il consiglio di interclasse si riunisce bimensilmente in casi straordinari e alla fine dell'anno.

- Non ho avuto consapevolezza del livello di preparazione degli insegnanti prima della lettura delle schede e nessuno mi aveva detto di questo.

- Non so come l'inadeguatezza si concili con 40 anni di onorata carriera.

- Non ho provato che cessasse la permanenza in servizio di queste persone.

- Mi sono preoccupato di accertare in cosa consistesse questa inadeguatezza. Sul piano affettivo le maestre sono accettate. È per il fatto dell'anzianità che sono inadeguate.

- Ho già risolto sul piano organizzativo il problema.

- La sofferenza e il problema, al di là della soluzione, è che diamo all'utenza un sottoprodotto.

- Non avevo già questa soluzione prima di ricevere le insegnanti.

- L'inadeguatezza è dovuta a preparazione professionale molto antiquata ed anche a stanchezza fisica.

- Ho usato strategie per far sì che le maestre si rendessero conto di questa inadeguatezza andando io in classe e le maestre sono state contente.

- Le insegnanti si sono rese conto della loro inadeguatezza.

- La lagnanza dei genitori è equivoca: per professionalità non vanno bene, per affettività si.

- Con i genitori ho cercato di minimizzare.

- I genitori delle future prime non hanno avuto problemi. Quelli delle quinte classi, sì.

- Il colloquio con le insegnanti è stato un momento difficile. Per via dell'età ho dovuto dire loro, in maniera velata, che facessero attenzione e che rivedessero alcune…

- Non le ho mai invogliate ad andare in pensione perché ci andranno presto.

- Non ho pensato di fare incontrare genitori ed insegnanti.

- I genitori hanno salutato, a fine anno, le insegnanti.

- Il disagio è disporre dei 2 insegnanti: in qualunque modo avverrà, la disposizione creerà un problema per l'utenza.

- Non ho mai detto alle insegnanti di questo mio problema.

- Ho chiesto collaborazione esterna, per esempio ad un ispettore.

- Se dicessi il mio problema alle insegnanti non lo percepirebbero.

- Può essere stato utile ridurre gli aspetti negativi valorizzando gli altri.

- Non vedo una soluzione complessiva per questo anno.

- Se ripropongono il problema non possono essere riprese per la loro posizione professionale.

Seconda parte

(È il momento del lavoro di tipo comunicativo emozionale)
Introducendo questa fase chiediamo alle persone di cercare di entrare in contatto con le emozioni. Ricordiamo di non scoraggiarsi per le difficoltà che si presenteranno. Si spiega altresì la funzione dinamica del gruppo, facendo capire che tutto quello che viene "detto e vissuto emotivamente" è parte di tutti e non solamente della persona che comunica. Si passa quindi la parola al soggetto che sta "lavorando" perché esponga il suo contenuto emozionale. Ugualmente seguono gli altri in successione libera, controllata dai conduttori.

(Nella trascrizione delle emozioni viene lasciato al lettore intuire la fatica delle parti coinvolte.
A questo proposito i partecipanti hanno spesso adottato, come meccanismo di difesa, la razionalizzazione e/o la confusione che hanno visto i conduttori impegnati nella valutazione dei modi e delle opportunità circa i necessari interventi di "lettura" funzionali al lavoro stesso).
Le emozioni vengono comunicate come appresso:

- Interesse, curiosità.[3]

---

[3] Nella comunicazione descrittiva del proprio mondo emozionale - come previsto in

- Empatia, vergogna, caldo, voglia di muovermi, disagio, dispiacere, ribellione, piacere.

- Tenerezza, simpatia, compassione, frustrazione, partecipazione intensa, profonda comprensione, impotenza.

- Disagio.

- Disagio.

- Attesa, sofferenza, empatia, paura, minacciata, rabbia, dispiacere, ansia.

- Ansia, rabbia, onnipotenza, impotenza, aggressività, dolore, amore.

- Minaccia, delusione, amicizia, rabbia, disillusione, aggressività.

- Ambiguità, imitazione, delusione.

- Benessere, condivisione, malessere fisico, tristezza, impotenza.

- Solidarietà, impotenza, distacco, curiosità, fastidio, impazienza, piacere.

- Ansia, disagio, fastidio, imitazione, aggressività, rimpianto, nostalgia, comprensione.

---

questa seconda parte del metodo - qui come altrove, in prima" battuta ", vengono "consegnati" concetti i quali, più che esprimere una emozione, traducono un atteggiamento mentale, e quindi razionale, di "copertura" dell'emozione che sta "sotto" e "dentro" la persona. In questo caso il termine "interesse" non traduce o non fa vedere a chi ascolta - e quindi alla persona stessa che si ascolta - quale sensazione o emozione o sentimento stia vivendo.

In questo caso, come in tutti gli altri casi frequentemente verificatesi nella "seconda parte" di lavoro degli incontri, i conduttori aiutano la persona ad approfondire la conoscenza del proprio stato emozionale ponendo la domanda: - Puoi dirmi come ti senti fisicamente, o quale emozione provi mentre mi dici che sei "interessato" o che stai provando curiosità, condivisione, partecipazione, ecc. ..?

- Noia, stanchezza, insofferenza, sofferenza, ambiguità.

- Normalità fisica, insicurezza.

- Stanchezza fisica.

Alla fine di questa "seconda parte" un membro dell'équipe ripercorre le difficoltà incontrate dai partecipanti a mò di riassunto didattico e rilegge, in successione, tutte le emozioni dichiarate, affinché ciascuno possa disporsi ad accettarle tutte, anche e soprattutto quelle che sente più lontane da sé.
Viene proposto un breve intervallo giacché il lavoro vissuto viene percepito come difficile e faticoso per persone non allenate a "mettere a fuoco" le proprie emozioni.

Terza parte

(È il momento del lavoro di tipo intuitivo, interpretativo ed evolutivo). Il lavoro è ripreso dopo un quarto d'ora. Nell'ultima parte, alla ripresa dei lavori, si suggerisce ai presenti di entrare in contatto con l'immaginazione, la fantasia, il sogno, l'intuizione, i desideri ecc…, ricordando l'importanza di queste nostre qualità inespresse ed inutilizzate per lo sviluppo della nostra creatività. Come di consueto, il primo contributo viene lasciato alla persona soggetto del caso:

G: Non so sognare - Sogno che con la bacchetta magica faccio rinsavire le insegnanti sotto l'aspetto della professionalità.

Riportiamo gli altri interventi:
- Diritto degli alunni ad accettare gli insegnanti.

- settembre: il direttore propone un role playing in cui fra il direttore e i genitori e gli insegnanti si scambiano le parti.

- Desiderio di avere degli ispettori capaci di lavorare con il capo istituto.

- Sogno la rupe di Tarpea. Si spingono tutti gli insegnanti anziani giù dalla rupe.

- Fantastico che telefoneranno le due insegnanti e chiederanno un corso di aggiornamento.

- Sogno che si possa tornare a quello stato dell'Eden.

- Immagino che G. vada all'istituto carcerario dove ci sono alcuni detenuti che con un'auto investono le insegnanti.

- Immagino una scuola senza pareti dove anche le insegnanti anziane abbiano le loro parti.

- Sogno una scuola che non sia un meccanismo fine a se stesso ma sia collegata alla realtà, dove ognuno abbia la sua funzione e dove ciascuno possa ricavare una pietra di disperazione da una montagna di disperazione.

- Sogno che al TG danno la notizia che al Parlamento discuteranno del diritto soggettivo allo studio.

- Sogno che i bambini scelgano gli insegnanti

- Sogno che si realizzi una scuola democratica con un apporto di tutte le parti.

- Sogno che si riuniscano tutte le parti per comunicare che l'errore sia accettato come pedagogico.

- Fantastico che in estate le 2 insegnanti conoscano un ragioniere o il direttore i quali favoriscano in loro la decisione di andare in pensione perché conveniente.

- Fantastico che il ministro lervolino le assuma al Ministero della Pubblica Istruzione.

- Sogno di sentire la voce di Maria.

- Sogno una società senza bisogno di scuola.

- Sogno la descolarizzazione.

Gli interventi si fermano qui per l'esigenza di chiudere l'incontro, essendo giunti alla fine del tempo previsto dal programma.

Osserviamo per i partecipanti come in questa parte, ancora più che nella seconda (dove spesso, oltre alla confusione e alla riduzione al razionale, anche il silenzio faceva la sua comparsa) moltissimi sono stati i momenti prolungati di paralisi e di silenzio.

I conduttori, rispettandolo opportunamente, hanno tuttavia potuto cogliere le occasioni migliori per far riflettere i presenti su come siamo socialmente impediti - per i controlli razionali che intrappolano la comunicazione interpersonale ed il dialogo - ad attingere alle risorse nascoste della nostra creatività ed a parteciparcene i frutti.

L'esperienza del corso ci ha confermato come, al di là di un "primo" incontro come quello appena riportato - che è spesso di grosso impatto emotivo per i partecipanti - anche negl'incontri successivi il tempo previsto dal programma ha sempre avuto ogni volta un "valore" diverso.

Ci si è spesso trovati, cioè, a dover valutare, di volta in volta, quanto spazio dare in più (o in meno) rispetto alle previsioni organizzative.

In conclusione, data la tendenza che il molto "razionale" presente nelle comunicazioni ha svolto nell'attentare (quando non nell'espropriare) gli altri spazi previsti per "l'emotivo" ed il "creativo", si è spesso deciso - da parte della conduzione - di lasciare spazio ad una elasticità "vigilata" (circa il rigore dei tempi indicati per i tre momenti di lavoro) ed anche al "bisogno di confusione" dei partecipanti, con l'obiettivo funzionale di ridurre l'importanza del razionale attraverso un vissuto esperienziale "segnato" come "permissivo" ed integrato da una presa di coscienza da parte dei partecipanti.

Tale "presa di coscienza" viene favorita dai conduttori con l'obiettivo di acquisire il significato simbolico delle parti "agite" dai partecipanti.

Le acquisizioni di consapevolezza così prodotte hanno favorito negli incontri successivi atteggiamenti sempre meglio autocontrollati con conseguenti significative riduzioni di difficoltà, da parte dei corsisti, a coinvolgersi, soprattutto nella terza parte del metodo (con il "gioco" della fantasia, immaginazione e sogno).

Atti relativi alla mattina del 2° giorno di lavoro (giovedì 2 luglio 1992)

I partecipanti, ricordiamo, sono disposti in circolo (sarà così per tutti gli incontri fino alla fine del corso).

Compongono il gruppo di lavoro 15 dirigenti, il direttore del corso, i 6 componenti l'équipe.

Da metà mattina viene accettata la presenza di un preside assente il primo giorno con la condizione di limitarsi ad una "osservazione non partecipante "con l'obiettivo del progressivo inserimento dal giorno successivo.

L'inserimento del preside ritardatario non è stato indolore per il lavoro seminariale di questo incontro.

Tanto il direttore del corso, come il responsabile dell' équipe si sono trovati a dover risolvere il delicato problema psicologico che, ogni volta, divide "dentro" la persona che deve prendere una decisione.

a) da un lato il rigore della regola razionale che solo se rispettata (in questo caso il ritardatario andava rifiutato) può garantire il "successo" dell' allenamento;

b) dall'altro simpatia ed empatia che chiedono, alla persona che le prova, di "riconoscersi" nell'altro e di accettarne una "parte" troppo spesso vissuta, nel ricordo di ciascuno, in prima persona.

La soluzione di compromesso è stata di decidere, come sopra detto, per l'accettazione e l'inserimento a condizione che il preside in parola rispettasse la "regola" di limitarsi al ruolo dell'osservatore esterno.

Come era prevedibile però (ed intuibile sempre) una tale decisione razionale - concordata tra le parti responsabili e successivamente approvata anche dai corsisti, ha comportato tutto un lavoro "a parte" che ha visto sospendere, per una buona mezz'ora, l'allenamento in corso, con ripercussioni emozionali ("dinamiche") dentro ciascuno.

Tutto l'incontro ne esce più stringato ed essenziale, avendo dovuto sopportare una amplificazione, della parte assorbita dal razionale per il lavoro di chiarificazione, di interpretazione e di spiegazione che l'équipe ha valutato di "dovere" ai partecipanti.

Si lavora secondo il Metodo sulla situazione problematica risultata seconda in graduatoria:

"La situazione problematica degli insegnanti anziani resistenti alle metodologie innovative".

Prima Parte

(È il momento del lavoro di tipo comunicativo-razionale)

Prima fase.

(Sintesi espositiva)

- E: Con l'aggettivo "anziano" intendo sia il collega con una certa età sia il collega come mentalità.

Per innovazione intendo l'iter che dovrebbe essere proprio dell'ambito scolastico in ragione del funzionamento del consiglio di classe e del contributo degli insegnanti delle varie materie.

Ricordo l'esempio di una situazione di Consiglio dove ci si era proposti di portare la "favola" come situazione didattica. Due insegnanti (di "lingua straniera" ed "educazione artistica") aderirono, tuttavia, poi, con delle scuse, portarono avanti un' altra didattica.

Poi c'è il problema del lavoro di un gruppo con il docente di sostegno.

In sostanza diciamo di essere tutti d'accordo e poi in realtà non lo si è.

Seconda fase

(Si riportano le risposte a domande poste dai partecipanti)

- L'organo collegiale che controlla queste cose (e che va a verificare e valutare) ha sollecitato il collega che ha mostrato i suoi programmi.

- Anche con lo stimolo l'insegnante dimostra resistenza.

- L'insegnante di sostegno sostiene che è libero di portare avanti un suo discorso per cui si giustifica in questo modo.

- I provvedimenti che ho preso nei confronti degli insegnanti sono stati presi parlando con loro.

- Hanno resistenza a cambiare la "forma mentis".

- Non ho stima di questi insegnanti perché bisogna lavorare in gruppo.

- Gli altri colleghi non hanno stima, pure loro, di questi colleghi.

- Questi insegnanti non hanno la capacità di lavorare in équipe.

- L'insegnante di lettere ha proposto una unità didattica.

- Gli insegnanti di cui sopra non si sono presi la libertà di proporre.

- Si è giustificato dicendo che la buona volontà ce l'ha messa.

- Non ci sono stati risvolti esterni perché la classe è andata avanti.

- L'insegnante anziano partecipa alla vita scolastica, l'altro no, anzi si mostra antagonista.

- Sono due uomini.

- L'insegnante di sostegno ha 5 ore.

- La collocazione di un prof. di matematica e scienze era che non collaborava al consiglio di classe per la proposta della favola.

- Il motivo per la mancata attuazione non era contrastante. C'è stata una certa dialettica. Sono stati d'accordo gli insegnanti di lingua straniera poi quello di artistica, gli altri insegnanti non sono entrati nella proposta. Ma non tutti.

- Io condivido la posizione per cui si dovevano acquisire alcune basi. E non c'erano gli spazi per la realizzazione di questa favola.

- L'insegnante di educazione artistica non ha collaborato con il linguaggio artistico.

- L'insegnante è in possesso del linguaggio artistico.

- Il consiglio di classe ha ben detto l'obiettivo preciso.

- L'insegnante di artistica è stato resistente giustificandosi con la mancanza di tempo.

- L'insegnante ha capacità didattiche.

- L'insegnante di educazione musicale non ha contribuito a questa unità didattica.

- Ci sono altri insegnanti di educazione artistica.

- Qualche volta sono riuscita a coinvolgerlo.

- L'insegnante di educazione artistica ha 64 anni, è sposato ed ha un figlio.

- L'insegnante è da 4 anni nella scuola.

- Altre volte con lui ci sono state incomprensioni.

- Con l'insegnante parlo senza aggressività anche per rispetto della sua anzianità.

- La comunicazione c'è stata a livello collegiale e individuale.

- Il suo programma lo porta avanti "bene", è un insegnante discreto.

- I tempi precisi per l'attuazione dell'unità didattica non gli sono stati comunicati.

- Il prossimo anno daremo consegne più precise.

- L'alunno disabile ha un handicap e le ore non sono sufficienti.

- Il bambino al di fuori di queste ore ha degli spazi programmati.

- Non riesce a tenere il passo della classe.

- Le ore sono poche ma non è possibile portarlo fuori in queste ore perché secondo me c'è bisogno...

Viene fatto notare alla fine di questa parte come ad una esposizione molto breve abbia fatto seguito una seconda fase dove le domande poste (per le "aspettative" da soddisfare) sono state molte.

Seconda Parte

(È il momento del lavoro di tipo comunicativo emozionale)

Prima fase

E: comunica e descrive la sua situazione emozionale in questo modo:

- Sofferenza, inquietudine, rabbia, insoddisfazione, paura, timore.

Seconda fase

Gli altri partecipanti comunicano e descrivono le loro sensazioni, emozioni e sentimenti come appresso:

- Tranquillità, amicizia, solidarietà, partecipazione affettiva.

- Solidarietà, comprensione.

- Ostilità e rifiuto.

- Partecipazione, comprensione, disagio.

- Costrizione.

- Benessere, piacere.

- Fastidio, rifiuto.

- Disagio, insoddisfazione, rabbia.

- Speranza, delusione, impotenza, ansia.

- Fastidio, insoddisfazione, comprensione, simpatia.

- Impotenza, aggressività, rabbia.

- Sono stufa, noia, preoccupazione.

- Disagio, preoccupazione.

- Distensione, tranquillità, languore.

- Divertimento.

- Solidarietà.

- Rimpianto.

- Riflessione.

- Ilarità, fuga.

- Costrizione.

- Benessere.

- Benessere.

- Meraviglia.

Alla fine della seconda parte le emozioni vengono rilette al gruppo e si ricorda la "chiave interpretativa" da tenere presente. Tutto ciò che è stato verbalizzato e "sentito" è espressione di un mondo emozionale che dentro ciascuno è ricco di molteplici aspetti e componenti in grossa parte rimossi, soprattutto là dove a fatica un soggetto, attraverso silenzio e resistenza quasi fisica, riesce ad identificarsi in un sola posizione ed a verbalizzarla. Questa seconda parte (anche per le vicende commentate nell'introduzione agli atti di questo incontro) è stata caratterizzata - e vissuta con incertezza "dichiarata" - dall'esigenza di distinguere che cosa sia razionale da che cosa sia emotivo (ci sono stati molti interventi ed interruzioni volte a chiedere spiegazioni per meglio "contribuire" all' allenamento).

Terza Parte

(È il momento del lavoro di tipo intuitivo, interpretativo ed evolutivo).

Si riportano i contributi relativi.

- Settembre '92, riunione sui gruppi di lavoro, i due docenti riescono a fare propri i metodi didattici.

- Settembre '92, la preside incontra i due insegnanti e dice loro che è un errore ridurre la intenzionalità degli altri.

- La preside dice all'insegnante di educazione artistica: Il tuo compito è grande e per quello che ci dà lo Stato fai troppo. Però l'insegnamento è gratificante e ti ripaga.

- L'insegnante di educazione artistica diventa un pittore famoso. Dona un quadro agli allievi e alla preside e si mette a disposizione della scuola.

- All'inizio dell'anno scolastico dopo altre proposte cercherei di avere un approccio con gli insegnanti e direi loro che sarebbe opportuno rispettare i compiti con responsabilità.

- Il 6/1/'93 S. diventa befana vera e consegna la sua disponibilità.

- L'insegnante va nell'ufficio di E e Le dice che è a disposizione ed anzi propone una attività artistica. E è contenta e, quasi non credendoci, gli ricorda la sua disponibilità. Avendo E mostrato la sua perplessità il professore la rassicura e tutto finisce bene.

- Il professore riesce a far diventare tutti gli alunni bravi pittori e si sviluppa un movimento pittorico in tutta Italia.

- Sogno E in un consiglio di classe dove, ad ottobre, il professore propone un lavoro interdisciplinare.

- Lo spirito della valle. Tanti ruscelli che confluiscono nella valle. C'è bisogno di collegamento tra le varie parti didattiche ed esistenziali e questo compito spetta alla scuola.

- Sogno una scuola media in cui le ore di educazione artistica siano pari alle ore di italiano, tecnica, matematica ecc., e allora i professori sono più valutati anche dai colleghi che diventano registi.

- Il professore diventa Ministro della Pubblica istruzione e vieta i professori, nuclei didattici, scuola. Così i professori si amano.

- Immagino che fino a qualche mese E sviluppi interesse per la storia dell'arte tanto che vorrà sostituire il professore per fare meglio la lezione.

- Giorno di S. Valentino, preside e professore sognano entrambi di essere innamorati, vanno al Louvre perché scoprono passione per l'arte. All'interno del museo, davanti a quadri di Dalì della Divina Commedia, si dicono: guarda come il pittore ha valorizzato l'arte italiana. E quindi il professore decide di fare il progetto dell'unità didattica.

- Il professore dice che Dalì ha dato tanto alla pittura e convince la preside che l'arte è importante.

- Consiglio di classe. I professori (sogno) sono bravi e preparati e sono disponibili al lavoro.

- Un raggio, per una strana congiunzione astrale tra Marte, Sole e Venere, colpisce preside e professore.

- Sogno che E trovi, a settembre, la capacità di aggregare i docenti, socializzarli in modo che si sentano a loro agio, cosicché possano proporre le attività in tutta indipendenza e lei abbia una funzione coordinatrice senza costrizioni

- Desidero che le "mille solitudini" della scuola possano incontrarsi.

- Immagino un cielo stellato dove tutte queste stelle si congiungano in un unico ammasso di stelle

- Vedo una costellazione come unità di solitudini.

- Trasformerete la prima riunione in una festa e ci sarà armonia.

- Immagino un fiore. I petali sono i contributi di tutti. Il fiore è senza stelo e lo disegna il professore.

- Immagino il professore che ha un singhiozzo che non riesce a frenare.

- Sogno il consiglio di classe come un'orchestra. Il direttore è il preside.

- Sogno che non ci siano vuoti di persone "delle mille solitudini".

Gli interventi si fermano qui, con lo scadere del tempo di lavoro previsto dal programma.

Nonostante i contrattempi ricordati - per i quali l'allenamento sperimentazione del Metodo ha subito modifiche e condizionamenti rispetto ai tempi e modi di lavoro previsti - tuttavia il gruppo dei partecipanti ha dato prova di voler entrare nello spirito della sperimentazione evidenziando ciascuno (negli interventi e contributi proposti) una personale motivazione ed una ricerca della migliore collaborazione nella realizzazione del "compito". L'incontro-allenamento, al riguardo, ha messo in risalto la facilità con cui il Metodo si presta ad essere acquisito per la semplicità pratica riscontrabile nella sua traduzione operativa.

Atti relativi al pomeriggio del 2° giorno di lavoro (giovedì 2 luglio 1992)

I componenti del gruppo di lavoro sono 23 unità così identificate: 16 dirigenti. Il direttore del corso, i 6 componenti l' "équipe".

Vengono consegnati i primi cinque **"titoli"** di **"elaborati guida"** (in totale n. 19) di riferimento teorico per i lavori seminariali la cui distribuzione è prevista nell'arco delle giornate di lavoro.

(I titoli[4] vengono riportati in Appendice).
Il lavoro prevede l'esperienza del Metodo applicato ad una situazione tipo "conferenza" in contesti istituzionali. A lettura ultimata i 16 dirigenti presenti esprimono la seguente votazione.

1° titolo: 1 voto La dimensione fisica o dell'Io Corporeo
            La dimensione psichica o dell'Io Psichico
2° titolo: 4 voti La dimensione esistenziale o dell'Io Spirituale
3° titolo: 3 voti Evoluzione psicologica dell'uomo
4° titolo: 6 voti Il comportamento come risultante della componente conscia e inconscia.
5° titolo: 14 voti La problematicità della relazione interpersonale.

Si procede su quest'ultimo all'applicazione del Metodo.

Prima Parte

(È il momento del lavoro di tipo comunicativo razionale)

Prima fase

Un membro dell'équipe (Giulia) dà lettura della relazione prescelta: "La problematicità della relazione interpersonale e disagio esistenziale"

Per rapporti interpersonali si intendono quei rapporti che si istituiscono fra due o più persone e che ne influenzano reciprocamente, in vario modo e grado, il comportamento.
L'uomo è un essere sociale: vive in gruppo e si relaziona con gli altri componenti del gruppo. Si hanno quindi innumerevoli forme di relazioni che possono collegarsi a concetti come l'identità, la coesistenza, la successione, la corrispondenza, la dipendenza, la causalità, ecc...

---

[4] **Gli "elaborati - guida" sono stati chiamati "titoli" per il particolare significato che i titoli degli stessi hanno assunto quale stimolo teorico-concettuale e problematico per le votazioni di scelta.**

Tali rapporti sono alla base della "teoria dinamica di orientamento sociale" (Harry S. Sallivan)[5], che vede il carattere della persona modellato dall'azione decisiva delle pressioni sociali interpersonali, cioè dall'acculturazione e dalla socializzazione dell'Io cosciente. L'Io personale di ciascuno vive un'evoluzione (non solo fisica ma anche psicologica), e vede crescere una capacità più o meno grande di superare le tappe evolutive, per arrivare, una volta adulto, ad inserirsi in modo maturo nella vita.

Chi resta bloccato in una di queste tappe evolutive diventa portatore di un "sintomo" o di un "disagio esistenziale".

L'uomo non ha, sùbito, la capacità di cogliere relazioni, ma l'acquisisce per gradi e con crescente estensione nel corso dello sviluppo del pensiero razionale.

Attraverso questa capacità si arricchisce progressivamente la nostra vita mentale nella quale i processi psichici si uniscono in una connessione ininterrotta e acquistano il loro significato particolare, a seconda delle relazioni in cui stanno gli uni con gli altri.

Ciascuno di noi sa, per esperienza, come sia difficile comunicare.

Per capire come incide la componente emotiva (a noi meno conosciuta di quella razionale) sulla comunicazione, si può parlare di quei meccanismi di funzionamento della vita mentale che la psicoanalisi chiama "meccanismi di difesa".

Questi meccanismi forgiano i modi in cui l'Io cerca inconsciamente di proteggersi contro gli stimoli spiacevoli provenienti dall'ambiente.

Il concetto di meccanismo di difesa è accettato in varia forma e misura anche fuori dalla psicanalisi, con riferimento a difese coscienti; in questo caso il termine viene spesso sostituito con " meccanismi di aggiustamento" o da "aggiustamenti" sostitutivi.

---

[5] Harry S. Sullivan (1892-1949) Psichiatra clinico e studioso di rapporti interpersonali. Egli riconosce nello sviluppo della sua teoria l'influenza di Freud e rivolge la sua attenzione all'orientamento psicologico-sociale.
La sua psichiatria interpersonale si fonda sul presupposto che l'uomo è il prodotto dell'interazione con altre persone (in particolare genitori o loro sostituti, altri componenti della cerchia familiare, educatori, ecc.) e che da questa interazione l'uomo può trarre il suo malessere o il suo benessere.

A noi interessa soprattutto la parte dei meccanismi inconsci, che ci sono di aiuto per capire come funziona l'Io della Persona. Eccone alcuni:

La proiezione: è un processo automatico per cui un oggetto o l'ambiente appaiono modificati oppure deformati in dipendenza di tendenze ed emozioni dominanti nella persona soggetto della percezione.

In tal modo, vengono attribuite all'oggetto o all'ambiente, in varia misura, elementi rappresentativi, emotivi, cognitivi, che "effettivamente" appartengono soltanto alla personalità del soggetto.

Il termine proiezione spesso si estende, oltre che alle reazioni percettive ed ai sentimenti ed emozioni che le accompagnano, a valutazioni di comportamento e a giudizi in genere, nonché alle condotte che ne derivano.

Secondo la psicoanalisi, si tratta di un meccanismo inconscio attraverso il quale contenuti mentali repressi vengono attribuiti ad altre persone od oggetti.

Generalmente questo meccanismo è utilizzato a scopo di difesa contro impulsi ritenuti inaccettabili da parte dell'Io.

L'identificazione: è il processo inconscio per cui un "Io" si adatta ad un "Io" estraneo e, di conseguenza, si comporta sotto alcuni aspetti come l'altro "Io", lo interpreta, lo imita e lo accoglie, in un certo senso, dentro di sé.

L'identificazione può avvenire anche con qualsiasi oggetto.

L'introiezione: è una forma più stabile del processo di identificazione paragonabile all'incorporazione di un determinato oggetto nell'Io (è un meccanismo dei primi mesi di vita quando il bambino non sa ancora distinguersi da sua madre).

Secondo Melania Klein, identificazione, introiezione e proiezione rappresentano processi che si alternano e contribuiscono alla formazione della relazione oggettuale ed allo sviluppo della personalità infantile.

La repressione: è la funzione di respingere e di porre un contenuto mentale fuori dalla coscienza.

Gli impulsi repressi rimangono attivi nell'inconscio. Le repressioni decisive iniziano tutte nella prima infanzia; successivamente il rapporto fra forze represse e forze reprimenti può variare.

La razionalizzazione: è il processo di elaborazione di un "motivo" capace di giustificare una "condotta", determinata anche da fattori inconsci. Questi a volte predominano.

Continuamente, anche all' infuori della psicoanalisi, si parla di razionalizzazione o anche di giustificazione, quando si scelga arbitrariamente un motivo accettabile, ma non sufficiente o del tutto falso, per spiegare un insuccesso. La razionalizzazione può condurre all'approfondimento delle cause determinanti di un insuccesso, ad una selezione non più arbitraria dei motivi, e di qui ad un' attività riparatrice e costruttiva.

La negazione: è il processo per cui un'immagine, o un pensiero represso, può farsi strada nella coscienza a condizione che venga negato. La negazione implica l'affiorare alla coscienza di ciò che è represso, ma non l'accettazione.

Una forma particolare e frequente di negazione è quella che si riferisce alla negazione delle realtà spiacevoli ed alla tendenza a dimenticare.

La formazione reattiva: è il processo per cui si sviluppa un tratto del carattere - secondario e opposto a quello originale - che reprime e nasconde un impulso sessuale o aggressivo. Ad esempio una madre può sviluppare un'affezione apparentemente esagerata per il figlio che inconsciamente rifiuta.

Seconda fase

Giulia risponde:

- l'aggressività non viene riconosciuta.

- Il bambino piccolo vive i primi anni come onnipotenti e magici, l'oggetto è l'immagine della sua onnipotenza.

- Se una cosa è spiacevole, l'uomo la sposta fuori.

- Ciascuno.

- Lo psicotico rimane bloccato nel suo problema.

- Da bambina nei momenti di difficoltà, adotto comportamenti di difesa che ripeterò in situazioni analoghe e successive. Se sono consapevole di queste costruzioni psichiche inconsce posso prendere decisioni di cambiamento,

- Il Metodo si può verificare per ora soltanto attraverso la relazione di rapporto con la persona che lavora, successivamente si vedrà.

- Inconsciamente la madre rifiuta il figlio per tanti motivi.

- La madre isterica ama e odia il figlio.

- La razionalità nella società è facile.

- Non entri in contatto con le mie emozioni, ma razionalizzo.

- Entro in contatto con il dispiacere, con la sofferenza e un giorno decido di cambiare.

- Da piccola la razionalità mi salva.

- Da grande è negativo.

- Se nego qualcosa, non l'accetto, perché la ritengo una cosa sconveniente; io non voglio entrare in contatto con una emozione negativa.

- L'identificazione è importante, con nostro padre, madre, figure esterne, modelli da imitare; aiuta il processo di crescita, nell'adolescenza rafforza il ruolo maschile o femminile.

- C'è la possibilità di immersione nell'emotivo.

- Volevo trattare ogni titolo, però ci sono i limiti reali.

- Dentro aggiustiamo qualcosa che nella realtà ci crea problema.

- L'altro non conosce il mio equilibrio personale interno.

- Verbalizzo o non verbalizzo. Se non verbalizzo non contribuisco a determinare una comunicazione cosciente.

- Se ciascuno verbalizza il proprio sentire è più facile entrare in contatto con la verità dell'altro. L'altro, dal canto suo, può ascoltare o meno il "verbalizzato".

- La sublimazione serve a "spostare" ma non risolve un problema (è un meccanismo di difesa).

- Nella dimensione emotiva risiede quella componente della persona che contribuisce a fondare l'equilibrio psichico.

- Occorre conoscere il nostro sviluppo. (la sublimazione).

- Posso iniziare a relazionare con gli altri.

Seconda Parte

(È il momento del lavoro di tipo comunicativo emozionale).

Prima fase.

Giulia comunica e descrive la sua situazione emozionale in questo modo:

- Ansiosa, limitata, un po' frustrata, contenta.

Seconda fase

- Gli altri partecipanti comunicano e descrivono le loro sensazioni, emozioni e sentimenti come appresso:

- Prigionia (costrizione).

- Tendenza a volare.

- Serenità.

- Partecipazione.

- Soddisfazione.

- Scarso coinvolgimento.

- Stanchezza.

- Angoscia.

- Stanchezza.

- Stupore.

- Sopportazione.

- Distensione.

- Divertimento.

- Sofferenza.

- Calore.

- Ansia.

- Sofferenza.

- Insofferenza.

- Odio.

- Partecipazione.

- Comprensione.

- Fiducia.

- Interesse.

- Ansia.

- Sofferenza.

- Tristezza.

- Ansia.

- Disagio.

- Partecipazione.

- Tranquillità.

- Aspettative.

- Ansia.

- Disagio.

- Fastidio.

- Partecipazione.

- Consapevolezza, accettazione.

- Ansia.

- Desiderio di apprendimento.

- Insoddisfazione.

- Partecipazione.

- Interesse.

- Complicità.

- Desiderio di fuga.

- Interesse.

- Interesse.

- Ansia.

- Disagio.

- Irritazione.

- Benessere.

- Rilassamento.

- Tranquillità.

- Divertimento.

- Attesa di distensione.

- Irritazione.

- Ostilità.

Terza Parte

(È il momento del lavoro di tipo intuitivo, interpretativo ed evolutivo).
Si riportano di seguito i contributi relativi.

- Giulia: fantasia ore 16.00: sono bambina, il tempo non passa mai.

  Vorrei approfondire con voi tanti argomenti

- Sogno di essere una capra che scappa libera.

- Sogno di andare al mare insieme.

- Sogno una squadra di calcio con Dante allenatore e Giovanni preparatore atletico. Giovanni incalzava nel freddo per l'allenamento.

- Sono in un bosco: quasi all'alba, angosciato, esce il sole.

- Una fiaba: porto avanti un piatto per i miei figli, allievi, insegnanti.

- Sogno che sono capace di dominare le varie situazioni, studi, commenti interpersonali.

- Un baco chiuso nel suo bozzolo di seta. Il bruco si sente le ali, si fa forza, rompe la seta, si fa forza, si fa farfalla e vola, vola nel cielo felice e incontra le altre farfalle per andare insieme con le altre. Arriva una colomba bianca e mangia la farfalla.

- Una notte lunga lunga, arriva un sole che illumina le persone. Una macchina del tempo che torna indietro per vivere insieme contente.

- Storia di un gabbiano che cerca in tutti i modi di volare.

- Claudio è un pastore con pecore bianche e pecore nere.

- Nel cielo azzurro un gabbiano vola al contrario.

- Una miniera in cui scendiamo tutti noi; prendiamo i diamanti e tutti siamo contenti e felici.

Atti relativi alla mattina del 3° giorno di lavoro (venerdì 3 luglio 1992)

I componenti il gruppo di lavoro sono in numero di 23 unità così identificato:

16 dirigenti, il direttore del corso, i 6 componenti dell'équipe.

La persona interessata alla trattazione della terza situazione problematica in graduatoria comunica una sua difficoltà a lavorare con la seguente giustificazione razionale:

Non avverte il bisogno di personalizzare un problema quale quello della integrazione dinamica dei singoli docenti in merito alla costituzione dei moduli.

La persona riflette che il problema è universale e si risolve da sé. Viene osservato da parte dell'équipe che comunque è possibile lavorare su un episodio particolare, e che possono essere le emozioni a fare "pretesto" razionale di rifiuto.

La persona interessata valuta questa opportunità (dì selezionare una persona particolare per dare corpo alla situazione problematica da lavorare con il Metodo), ma pur dichiarandosi disponibile ed interessato, con curiosità, al gioco, tuttavia non si sente di proporre il problema.

La persona accetta su richiesta dell'équipe di "passare" la mano.

Si procede a verificare la disponibilità a "lavorare" della persona il cui caso è risultato 4° in graduatoria. La disponibilità viene accordata.

La situazione problematica è quella della "difficoltà del direttore a fronte del genitore che si lamenta del giudizio finale sulla scheda che non misura adeguatamente il valore del figlio".

Prima Parte

(È il momento del lavoro di tipo comunicativo razionale)

Prima fase

(Sintesi espositiva)

D: Entro in ufficio, c'è una madre che mi vuole parlare perché non è d'accordo su un giudizio dato al figlio.

La madre piange. Mi avvicina un insegnante dicendo che la madre non è d'accordo e protesta, ma, a suo giudizio la ragazza è brava ma non eccessivamente, come vorrebbe la madre.

Il giorno dopo viene la madre stravolta. Dico che il giudizio era nella norma.

La madre si oppone al giudizio dato dall'insegnante e porta argomenti e paragoni con altri casi, lamenta la sofferenza della figlia. Ma anche lei è sofferente e si sente umiliata. Non avendo elementi, non potevo dare un giudizio obbiettivo.

Sugli insegnanti mi sento abbastanza fiducioso. Però ho qualche perplessità verso la posizione della madre. Non sono riuscito né ad accontentare il genitore, né l'insegnante che, a sua volta, si sente offeso dalla protesta del genitore.

Seconda fase

Contrariamente alle elaborazioni precedenti, di questa fase sono state trascritte anche le domande, oltre alle risposte; di seguito, pertanto, vengono riportate domande e risposte.

D. La madre ha avuto da ridire su qualche termine in particolare o nel complesso?

R. La madre voleva il termine "ottimo". Poi la dicitura "essere seguita" dai genitori per lei acquisiva una connotazione negativa.

Giulia fa rilevare come la risposta non sia stata esauriente per una improvvisa situazione emotiva.

Claudio interviene per sottolineare come di fronte ad una situazione emozionale imprevedibile per la persona l'emozione può rendere confusa tanto la domanda come la risposta.

A questo punto viene posta una domanda sul Metodo. Claudio invita a porre le domande sul metodo "a parte", alla fine dell'incontro.

D. Questo genitore aveva avuto già da ridire?
R. No.
D. Ha spiegato, come avviene la valutazione nella scuola elementare?
R. Sì, ma questo non ha soddisfatto la madre.
D. Non hai sbagliato tutto nel colloquio con la madre?
R. No.
D. Nella valutazione c'era un riferimento alla famiglia?
R. Sì.
D. Ti sembra giusto?
R. Non era disdicevole.
D. È legittimo riferirsi alla famiglia?
R. Sì.
D. Qual è il livello culturale della madre?
R. Discreta cultura.
D. Il termine ottimo per altri alunni esiste?
R. In qualche altro caso c'era.
D. Il giudizio era da ottimo?
R. No.
D. Ma globalmente c'erano elementi da ottimo ?

Claudio interviene definendo la successione delle ultime domande - tutte poste dalla stessa persona - un'irruzione inquisitoria.

Fa notare come il ritmo serrato delle domande, il tono della voce e l'espressione posturale indichino questo incalzare che viene recepito con difficoltà dall'interlocutore il quale, a sua volta, dovrà fare i conti, nel dare le sue risposte, con il proprio mondo emozionale che in questo modo si è venuto eccitando e che quindi interferirà con il piano razionale "disturbandolo".

La persona interessata nega vivacemente questa "pressione" sull'altro.

D. Per la madre, perché non era da "ottimo" il giudizio?
R. Perché mancava la parola "ottimo".

D. La mamma sapeva?

R. Si.

D. Prima di questo episodio avevi già conosciuto l'alunno?

R. Sì.

D. Hai proposto un incontro di chiarimento?

R. No.

D. Il disappunto era sulla mamma o sul direttore?

R. Sulla madre.

D. Le insegnanti si aspettavano un sostegno più forte?

R. No.

D. C'era discordia sul giudizio?

R. Sì

(Giulia osserva che sotto l'incalzare delle domande fa ancora irruzione l'emotivo).

D. Secondo te la madre recrimina che la scuola non aveva bene compreso la scolara, o non aveva voluto esprimersi?

R. il secondo caso.

D. Le insegnanti conoscono bene le tecniche di valutazione?

R. Non emergeva una conoscenza completa.

D. Conosci la composizione della famiglia?

R. No.

D. Hai preso visione delle prove d'esame?

R. No.

D. Hai detto alla mamma che gli insegnanti dovevano valutare?

R. Sì.

D. Ti era mai capitato un episodio analogo?

R. No.

D. Hai tentennato un po', sei stato un po' frettoloso?

R. Non ritengo di essere stato frettoloso né che ci fossero elementi drammatici.

(Rilievo di Giulia: "c'è bisogno di qualche precisazione". Giulia fa rilevare come l'ultima domanda contenesse un giudizio e quindi sia subentrata una difficoltà emotiva)

D. Aveva concordato modalità di valutazione?

R. No.

D. Quali erano le prove di valutazione?

R. La domanda esige delle risposte lunghe.

(Claudio fa rilevare come l'ansiosa urgenza delle domande ponga l'altro in difficoltà).

D. In caso analogo cambieresti qualcosa nella tua conclusione?

R. Forse no.

D. Il giudizio era solo dell'esame o più complessivo?

R. Più complessivo.

D. Non ti pare che ci sia un errore della maestra?

R. Un pochino.

D. Non hai consultato i! gruppo di esame?

R. No.

D. Come viene compilata la scheda?

R. Discorsiva.

D. In quale classe era diventata "modulo"?

R. Nella prima o nella seconda.

D. Qual è il tuo parere di direttore sulla vicenda, c'è un ingerenza della famiglia?

R. Lieve entità del fatto, mi sarei accertato di altri fatti.

D. Aveva ragione la scuola?

R. Sì.

(Giulia fa rilevare come positiva l'esigenza di semplificare le domande).

D. Pensi di dover fare qualcosa come direttore?

R. Certamente.

(Giulia fa rilevare come non ci sia esigenza di spiegare molto le domande).

D. C'è stato un incontro fra insegnanti e genitori?

R. No. La madre non ha voluto l'incontro.

(Giulia fa rilevare ancora la puntualizzazione non necessaria). (Claudio fa notare: La domanda articolata mi fa perdere delle cose, sto poi in difficoltà a dare una risposta. Più le domande sono corte e precise, più la comunicazione è efficace).

D. C'era una manchevolezza nell'insegnante?

R. Sì, sulla stesura del giudizio poteva rilevarsi una manchevolezza, il giudizio era generico.

D. Ti sembra giusto che al quinto anno avvenga questo episodio?

R. Può capitare. Non so se è giusto.

D. Come genitore protesteresti?

R. Forse no.

D: Perché nel giudizio c'è scritto "aiutata dai genitori" ?

R. Non so.

D. Se ci fosse un contrasto fra più anni (in futuro) ti consulteresti di più? (Giulia interviene: Quando si fa la domanda è bene evitare il "giudizio di valore" soggettivo).

D. Non ti è venuto in mente di esserti rotto le scatole?

R. Sì, l'ho detto che non c'era problema.

Seconda Parte

(È il momento del lavoro di tipo comunicativo emozionale).

Prima fase

(Emerge subito la stanchezza e la richiesta di break. Il conduttore sottolinea che la stanchezza è indice di emozioni la cui comunicazione autentica, prevista in questa seconda parte, può uscirne avvantaggiata).

D. comunica e descrive la sua situazione emozionale in questo modo:

- Sorpreso.

Claudio fa notare come tutto il mondo emozionale del soggetto, al quale viene offerto spazio per essere descritto, è dal soggetto stesso "ridotto" ad un temine che di per sé non consente di andare oltre un puro dato di "neutralità" affettiva. Ci si chiede: cosa significa "sorpreso"?. Quale è la vera emozione che sta sotto e dentro la persona? Si può essere "piacevolmente" sorpreso, ovvero il contrario: cioè sono sorpreso e provo dispiacere.

È necessario dunque scendere sotto la neutralità, razionale ed ambivalente, di copertura della vera emozione che va così meglio conosciuta. I Contributi di tutti i partecipanti previsti nella 2° fase daranno lo spessore del mondo emozionale nascosto sotto la parola "sorpreso" con cui il soggetto titolare del caso in trattazione descrive per sé e per altri le sue emozioni.

Seconda fase

Gli altri partecipanti comunicano e descrivono le loro sensazioni, emozioni e sentimenti come appresso:

- Partecipazione.

- Aggressività.

- Impotenza.

- Interesse.

- Tranquillità.

- Tranquillità.

- Serenità.

- Condivisione.

- Partecipazione.

- Tranquillità.

- Risentimento.

- Tranquillità.

- Scontento.

- Serenità.

- Partecipazione.

- Interesse.

- Aggressività.

- Partecipazione.

- Stanchezza.

- Divertimento blando.

- Partecipazione.

- Partecipazione intensa.

- Empatia.

(Claudio: Con la parola "interesse" si indica un fatto che non è razionale e che ha, anzi, connotati emozionali. È opportuno allora, per conoscere quest'ultimi, ricercare sempre la sensazione fisica e la reazione psichica connessa - mentre si prova interesse - come pure individuare il sentimento e la posizione esistenziale).

- Tranquillità.

- Empatia.

- Partecipazione.

- Solidarietà.

- Depressione.

- Noia.

- Attenzione.

- Aggressività.

- Delusione.

- Frustrazione

- Limitatezza.

- Disperso.

- Intorpidito.

- Sereno.

- Malessere.

- Tranquillità.

- Ansia.

- Delusione.

- Malessere.

- Incomprensione.

- Desiderio di crescere.

- Partecipazione.

- Delusione.

- Incompetenza.

- Stanchezza.

- Fastidio.

- Sofferenza.

- Tranquillità.

- Benessere.

- Partecipazione.

- Partecipazione.

- Delusione.

- Sofferenza.

- Impotenza.

- Aggressività

- Tranquillità.

- Distensione.

- Serenità.

- Dispiacere.

- Insoddisfazione.

- Insoddisfazione.

- Scomoda.

- Sofferenza.

- Fastidio.

- Non fastidio.

Nel procedere alla lettura di quanto di emotivo è stato focalizzato dai corsisti e quindi verbalizzato, viene fatto notare, alla fine di questa seconda parte, come il numero e le modalità degli interventi denotano una esplicitazione sempre più chiara delle personali prese di coscienza della propria emotività.

È un segnale, questo, che il gruppo tutto (e ciascuno) sta operando dentro di sé una divisione funzionale tra ciò che è razionale e ciò che è emotivo, così da potere meglio conoscere e controllare la propria realtà personale ed evitare - in allenamento naturale e permanente - di:

a) rimanere vittima della propria confusione;

b) riportare la propria confusione nel gruppo di lavoro, sommandola a quella degli altri.

Ci si concede 15 minuti di pausa.

Terza Parte

(È il momento del lavoro di tipo intuitivo, interpretativo ed evolutivo).

Si riportano di seguito i contributi relativi. (Giulia invita all' "immaginazione creativa").

D. Sogno ricorrente: Obbligatoriamente nel fascicolo di ogni educatore ci deve essere la valutazione che dello stesso ha il bambino.

- Sogno: che avremo una nuova scheda più semplice e snella; più efficace.

- Vedo un professore che apre una pagella che è la sua: "oibò dove siamo arrivati !"

- Sogno il bambino che cerca di consolare la mamma afflitta che si strappa i capelli e il bambino va a scuola a chiedere lui perché non hanno saputo valutarlo: e il direttore risponde dichiarando la sua inadeguatezza.

- Siamo in un'aula con 2 lavagne, in una prende appunti il docente: in un'altra sono gli alunni a prendere appunti. Ogni insegnante prende appunti sul comportamento dei colleghi. C'è una lavagna particolare per il capo d'istituto e lì prendono appunti gli insegnanti.

- Sogno: Il bambino vede la madre addolorata ma determinata contro il direttore; il bimbo le dice: "Invece di essere nervosa per tutte queste cose, andiamo dal direttore e gli dici: Come ti permetti a non dare la parola Ottimo, lei non cura bene la scuola !" e ce ne andiamo.

- Altra scena: suona il campanello e si affaccia il direttore, la madre gli dice "Direttò, sai che ci dico? Vada a quel paese !".

- Aula con maestre che si avvicinano e abbracciano gli alunni. Il direttore dà la mano alla mamma.

- Vedo A. Ministro della Pubblica Istruzione, con un timbraccio grosso che decreta: "abolizione valutazione alunno".

- Film: L'umanità in un futuro lontanissimo, tutti limpidi "e" noi stessi "e" gli altri: trasparenza totale e globale? Nuova umanità, non si dovrà più "valutare" perché tutto è limpido. Non ci sarà più errore saremo visibili agli altri.

- La comunicazione è vita. Ma non è forse meglio questa umanità che valuta male, come adesso?

- Sogno: due valutazioni incrociate: una Scuola-Famiglia e una Famiglia-Scuola su schede magiche fatte su due fogli sovrapposti. Per magia si fermano sui fogli solo le cose belle. E sull'altra le cose che la scuola vuole sentirsi dire. Le cose negative si trasferiscono magicamente. La Scuola e la Famiglia valutano D.

- Vedo una scuola, non so se sono un bambino o un genitore o direttore. C'è una scheda da dare e in questa scuola hanno saputo trovare tanta comunicazione che quello che è scritto sulla scheda è già condiviso. È la conclusione di un cammino fatto bene.

- Col timbrone di dò "Ottimo".

- La Cassa di risparmio mette nello zainetto un computer potentissimo. In ognuno di questi vengono messi i dati che il computer elabora esprimendo una valutazione, ma "legale", e ognuno può prenderla come vuole.

- D Ministro dei trasporti e immagino che i veicoli abbiano un grosso specchietto retrovisore. D fa il suo Decreto di infrangere tutti gli specchietti retrovisori.

- Sono le 8,45, scendo da casa. Sogno: vedo il medico di famiglia che mi dice "Tu devi rafforzare i muscoli, vai in palestra". Fiduciosa vado ogni giorno, gli allenamenti mi stancano, ma ho sempre fiducia nel mio dottore. Arrivo in albergo e mentre salgo vedo mio padre che non c'è più.

- Sono in un letto d'ospedale, sempre fiduciosa continuo ad andare avanti. 11,30 circa: scompare il letto d'ospedale, vedo un sole che mi dà energia, ha capito il mio problema. Sono un Essere.

- Sogno: un grandissimo stadio: la sua arena è la terra, tutti i bambini valutano i grandi.

- Sogno che i genitori individuano i meriti della famiglia con un numero.

- Settembre '92. Circolare Ministeriale: nuove schede ministeriali. In ciascuna è già stampata la dicitura "ottimo", per tutti, indistintamente.

- Immagino che il direttore si renda conto che questo genitore sta uscendo dalle righe e lo rimanda in prima elementare perché ne ha bisogno.

- Sogno che la telefonata che mi è arrivata, un ricorso sulla tua ammissione, non fosse verità.

- Siamo al mare, molto agitato, burrasca improvvisa.

- C'è una piccola barca, in essa c'è un insegnante in difficoltà. Ad un certo punto l'insegnante vede che si avvicinano altre barche più piccole con ragazzi che allungano delle cime di salvataggio. Anni prima erano stati alunni suoi e li aveva giudicati male.

- Immagino: i professori disperati scoprono una bara con un ragazzo morto: è un loro alunno mal valutato, suicida. Il giovane spirito aleggia su questa scena e si cala sui professori che sentono che da quel momento in poi saranno più attenti.

- Essi percepiranno calore e capiranno e che non è possibile che un uomo valuti un altro. I professori poi torneranno a scuola e avranno la consapevolezza che da ogni loro atto viene fuori un seme che potrà dare magnifici alberi o belli o sempre più contorti e aridi. Sentiranno l'importanza del loro compito e saranno indotti a comprenderli meglio nelle loro essenze.

- Immagino il film "l'Attimo fuggente". Neil muore e gli altri applaudono. Altra conclusione: applausi a Neil e serenità per questo viaggio.

- Immagino che quella madre e il figlio incontrino D e lo invitino a fare un viaggio nel tempo. Incontrano l'insegnante. D ringrazia per questo viaggio che gli ha permesso di conoscere le sue parti.

- Il Ministero della Pubblica Istruzione. Si sentiva la musica di Figaro e immaginavo che il palcoscenico fosse tutto un grosso stadio che vedevo da dentro e fuori.

- C'è un boato grande! Ci sono tutti i ragazzi con i genitori. D recitava la parte di Figaro che diceva: 'Ottimo su, ottimo giù".

- Sogno: Un ragazzo "puro spirito", ma partecipe delle vicende degli altri, va dal Ministro. È dotato di poteri magici, fa trasformare la scheda in un elemento indolore.

- Vedo Pierino in una scuola ed è felice di essere in questa scuola.

  Alla fine è lui che scrive la sua scheda.

- Immagino: L'Aquila fra 20 anni, concerto; insegnante anziana va al concerto e incontra il direttore D. C'è una nuova orchestra. Sul podio c'è una donna, è la bambina di 20 anni prima. Nell'intervallo viene passato un foglio dove ci sono scritti i nomi di quella classe. D e l'insegnante si guardano.

Atti relativi al pomeriggio del 3°giorno di lavoro (venerdì 3 luglio 1992)

I componenti il gruppo di lavoro sono in numero di 23 unità così identificate:
16 dirigenti, il direttore del corso, i 6 componenti dell'équipe.

Vengono consegnati i "titoli" dal n. 6 al n. 10

Il lavoro prevede la lettura individuale degli elaborati-guida ed una libera consultazione, per l'approfondimento teorico, da parte di ciascuno con i singoli membri dell'equipe.

L'obiettivo è quello di raccordare le problematiche connesse alla esperienza del Metodo - ed ai vissuti condivisi - con i contenuti teorico-concettuali dei titoli, al fine di riflessioni critico-costruttive.

Atti relativi alla mattina del 4 ° giorno di lavoro (sabato 4 luglio 1992)

I componenti il gruppo di lavoro sono in numero di 23 unità di cui 16

dirigenti, il direttore del corso, i 6 componenti dell' équipe.

- Viene riproposto, a richiesta di più "interessati", il caso della mattina precedente.

- La richiesta vede due direttori interessati alla stessa problematica desiderosi di "lavorare" congiuntamente (li chiameremo X e Y)

- Il gruppo accoglie la richiesta:

- Subito dopo uno dei due direttori ritira la propria adesione.

- Conseguentemente anche il secondo direttore si dichiara non più disponibile.

- Si procede, secondo graduatoria, ad elaborare una successiva situazione problematica.

Questa la successione degli eventi.

In apertura di lavori viene accordata dall'équipe una votazione che all'unanimità chiede di ritornare sulla situazione problematica "mancata" la mattina del giorno precedente.
Con questa variante: che si elabori il "caso", visto da due angolazioni diverse, cioè con due persone coinvolte - anziché una - a fare da soggetti attori.

La situazione problematica è quella della "integrazione e valorizzazione delle competenze dei singoli docenti".

Interventi:

X: Una persona deve arrivare nel circolo e nessuna insegnante la vuole nel modulo (è una personalità folle e ostile) e anche lei avrebbe difficoltà ad entrare.
Y: Racconta che questa persona, in un circolo di 33 persone, ha litigato con 31, e alla fine ha litigato anche con se stesso.
In un gruppo di lavoro lei si è presentata dicendo "È arrivato lo spaventapasseri" pensando che stessero parlando di lei. È una personalità molto difficile.
La preoccupazione è per cosa avverrà a settembre. X: esprime la sua resistenza a trattare il problema. Propone di far lavorare solo Y.

- Vari altri interventi fanno emergere l'opportunità di una votazione per decidere se lavorare con X o passare ad un altro caso.

- Il gruppo si pronuncia per passare al caso successivo: il caso di F.

F espone il caso: "La situazione problematica che ricorre nella elaborazione della diagnosi funzionale nel profilo dell'allievo handicappato".

Prima Parte

(È il momento del lavoro di tipo comunicativo razionale)

Prima fase

(Sintesi espositiva)

F: Quest'anno all'Aquila si compone il gruppo che si deve esprimere su un bambino handicappato.
La diagnosi funzionale segue questo schema: segnalazioni, visita medica solo col bambino, visita medica con i genitori, visita con l'équipe,

riunione globale del gruppo compresi i genitori e il direttore per stilare un documento finale. La difficoltà consiste nel non conoscere il pensiero di tutti i componenti del gruppo, in particolare di quello dei genitori, e gli accordi intercorsi tra questi ed i responsabili della USL:
C'è una comunicazione di tipo equivoco all'interno del grande gruppo.

Seconda fase

(Si riportano le risposte a domande poste dai partecipanti)

- Non vengono messe a verbale le varie fasi.

- Il sostegno si può imporre anche senza l'approvazione dei genitori.

- Il direttore ha incontrato l'équipe prima di parlare con i genitori.

- L'insegnante viene messo al corrente dei colloqui separatamente dallo psicologo e dalla famiglia.

- La bambina ha un handicap motorio che apparentemente non interferisce con la capacità di apprendimento, ma deve rinunciare a moltissime attività.

- La famiglia ha un livello culturale superiore.

- Il vantaggio del sostegno sarebbe sia per la bambina che per la scolaresca.

- Si può cercare nella normativa qualcosa con cui poter superare l'ostilità della famiglia a iniziare il procedimento per la richiesta di sostegno.

- C'è una limitazione del diritto allo studio se non si interviene col sostegno.

- La riunione plenaria avviene a scuola.

- La diagnosi funzionale indica le ore di sostegno richieste per la classe.

- L'assegnazione non è automatica.

- Per ogni circolo ci deve essere, per Legge, un gruppo dì lavoro per gli handicappati.

- Il nuovo sistema è migliore del vecchio.

- Per arrivare a questo nuovo sistema all'Aquila ci sono voluti 10 anni.

- Tutto dovrebbe avvenire sempre alla presenza di tutti i componenti del gruppo.

Seconda Parte

(È il momento del lavoro di tipo comunicativo emozionale)

Prima fase

F comunica e descrive la sua situazione emozionale in questo modo:

- Fatica

Seconda fase

Gli altri partecipanti comunicano e descrivono le loro sensazioni, emozioni e sentimenti come appresso:

- Imbarazzo.

- Sorpresa.

- Confusione.

- Partecipazione.

- Tranquillità.

- Condivisione.

- Disagio.

- Fastidio.

- Caldo.

- Sorpresa.

- Imbarazzo

- Stanchezza.

- Partecipazione.

- Condivisione.

- Simpatia.

- Reciprocità

- Solidarietà.

- Comprensione.

- Delusione.

- Benessere.

- Stanchezza fisica.

- Disagio.

- Agio.

- Benessere.

- Tensione psichica.

- Attenzione.

- Piacere.

- Simpatia.

- Accettazione.

- Fastidio.

- Torpore.

- Serenità

- Amarezza.

- Confusione.

- Scarso coinvolgimento.

- Noia.

- Tranquillità.

- Desiderio di fuga.

- Rifiuto.

- Malessere.

- Tranquillità.

- Simpatia.

- Accettazione.

- Benessere.

- Piacere.

- Partecipazione.

- Euforia.

- Divertimento.

- Ironia.

- Noia.

- Perplessità.

- Condivisione.

- Paura.

- Tranquillità.

- Paura.

- Divertimento.

- Curiosità.

- Simpatia.

Anche alla fine di questa 2a fase della Seconda parte si procede alla lettura delle sensazioni, emozioni e sentimenti fatti segnare dai corsisti.

Viene fatto osservare come le pause di silenzio e di ascolto si vengano riducendo, a favore di comunicazioni più immediate, centrate sul compito e sempre meno commentate con spiegazioni razionali.
Questo è indice di una riduzione del bisogno di "giustificare" il proprio mondo emozionale.

Ci si concede una pausa di 15 minuti.

Terza Parte

(È il momento del lavoro di tipo intuitivo, interpretativo ed evolutivo)

Si riportano di seguito i contributi relativi.

- Il nuovo Parlamento approva una nuova Legge: tutti i cittadini sono uguali e tutti handicappati. Ma la Corte Costituzionale rimette tutto come prima. L'I.R.R.S.A.E. chiama questa équipe che fa un corso per risolvere questo problema.

- Da oggi in tutto il mondo non nascerà più un bambino handicappato.

- Sogno che la parola handicappato venga tolta dal vocabolario.

- Sogno una coppia di coniugi che procreano con i computer solo bambini perfetti, ma sono degli automi. Accettano allora di tornare a fare figli come prima, con tutti i rischi.

- Sogno un prato verde che possa ospitare tutti i bambini anche quelli svantaggiati; tutti si addormentano e al risveglio tutti i bambini sono rami. Sogno anche che la scuola funzioni come quel prato.

- Sogno che i genitori di bambini handicappati capiscano l'importanza del sostegno.

- Sogno che nel sogno di D anche i medici siano handicappati, come tutti gli altri.

- Si intravede attraverso un fitto bosco un castello incantato, per raggiungerlo bisogna faticare molto. Noi vogliamo raggiungerlo, abbiamo la possibilità di farlo soltanto dopo aver fatto spazio in questa boscaglia di incomprensione, per capire e accettare l'handicap. Possono arrivare al castello coloro che con umiltà capiscono il valore che c'è dentro ogni handicappato.

- Sogno un mondo tutto di bambini che si accettano in ogni circostanza.

- Un posto di frontiera, senza dogana e senza dover pagare nessun prezzo.

- Un gruppo di persone: io non faccio fatica ad accettarle come gruppo perché sono subito recettive verso le regole; io sono più serena nell'affrontare il lavoro.

- Una congiunzione astrale: si scopre la causa dell'handicap. Dei raggi colorati colpiscono le persone: quelli colorati di scuro sono gli handicappati.

- Tutti producono onde chiare e scompaiono gli handicappati.

- Una spiaggia bellissima, mare verde, tante persone giovani con bambini bellissimi e anche con handicappati. Altro quadro: stessa spiaggia, sedie a sdraio, ombrelloni, le stesse madri, i maschi, i bambini che sono sempre belli. Le madri parlottano tra loro perché sta per arrivare una madre con un bambino zoppo, cioè handicappato.

- È proprio un progresso che ha fatto la civiltà?

- Immagino un elicottero che passa con uno striscione che reca le parole: " È proprio "

- Si riunisce la commissione incaricata di redigere l'analisi funzionale. La redigono e poi vanno a dormire. La mattina si riuniscono di nuovo col desiderio di riscrivere la scheda e la riscrivono completamente diversa. Tutti gli handicaps sono trasformati in normalità.

Avevano fatto un sogno in cui questo bambino handicappato aveva creato storie bellissime che avevano saputo dare al mondo tesori di luce e di bellezza.

E avevano capito che una persona così non può essere handicappata.

- Sono le 9 di sera, grande caldo, grande città. Da un autobus scende una bellissima ragazza, è una tennista che ha vinto i campionati, è felice del suo corpo, è giovane, è atletica.

Entra nel palazzo e va via la luce. La ragazza si ferma, il panico l'assale. Un signore le chiede "Posso aiutarla? A che piano deve andare?" " - All' F. 112". I due cercano di muoversi al buio e arrivano nell'atrio, ma non salgono al piano.
Dopo alcune ore la ragazza vuole salire al piano e il signore le tiene compagnia.
Arrivano su e il signore le trova le chiavi, la porta giusta e la guida in casa, poi se ne va.
Ma la ragazza gli chiede chi sia e come abbia potuto tanto aiutarla.
Il signore risponde: "Sono cieco".

- Immagino l'équipe del CE.P.A. che fa il lavoro solo con handicappati e insieme sviluppano un nuovo modo di comunicare e anche di produrre le cose.

Quindi fondano un nuovo modo di concepire la comunicazione e lo stare insieme e poi vanno in giro a comunicarlo.

- Fantozzi va al campeggio, monta la tenda, si dà una martellata sul dito, va 300 metri lontano e poi urla.

- Sogno che noi professori attratti dal racconto di S. entriamo nel gruppo e siamo ancora lì ad aspettare che i 2 professori che sono qui fuori entrino e raccontino i loro sogni.

- Sogno di vedere un quadro con sopra scritto:

HANDICAP

H - HO

A - ALI

N - NUOVE

D - DA

I – INAUGURARE

C - CON

A - ALTRI

P - PICCOLI (POPOLI, PERSONE, PIANETI).

Atti relativi al pomeriggio del 4° giorno di lavoro (sabato 4 luglio 1992)

I componenti il gruppo di lavoro sono in numero di 23 unità di cui: 16 dirigenti, il direttore del corso, i 6 componenti dell'équipe.

- Vengono offerti alla lettura dei partecipanti ulteriori 5 "titoli (dal n. 11 al n. 15.) da leggere individualmente.

- Si procede per votazione alla scelta del titolo da "lavorare" con Metodo per i n. dal 6 al 15.

- La simulazione viene ancora realizzata con la lettura, da parte di un membro dell'équipe, del "titolo" scelto dai partecipanti.

- Anche questa volta la situazione problematica di "definizione" del Metodo viene fatta coincidere, per la parte razionale, con i contenuti teorici della relazione.

Questa la successione degli eventi.

Si procede alla distribuzione delle relazioni previste (titoli dall' 11 al 15). Si fa seguito alla votazione dei titoli delle relazioni dal n. 6 al n. 15. I risultati sono di seguito riportati:

6° titolo O voti (Il gruppo come oggetto di studio e soggetto di esperienza per ciascuno).

7° titolo O voti (Componenti costitutive della comunicazione interpersonale nei loro aspetti).

8° titolo 1 voto (Modalità di elaborazione dei meccanismi che sottendono le dinamiche nel gruppo classe).

9° titolo 9 voti (La conoscenza di Sé come presupposto di crescita della propria autenticità).

10° titolo 6 voti (Elaborazione delle modalità di interazione autentica tra la persona "grande" e la persona "piccola").

11° titolo O voti (Il significato della "reciprocità" nella comunicazione interpersonale).

12° titolo 9 voti (Presa di coscienza della componente aggressiva dell'Io della Persona e sua importanza nella dimensione personale ed interpersonale).

13° titolo 8 voti (L'aggressività costruttiva).

14° titolo 7 voti (L'aggressività distruttiva).

15° titolo 14 voti (La capacità del docente di orientare l'aggressività in senso costruttivo).

Su questo ultimo Titolo si procede con il lavoro secondo il Metodo.

Prima Parte

Prima fase

Lettura da parte di un membro dell'équipe della relazione prescelta: "La capacità del docente di orientare l'aggressività in senso costruttivo".

L'elaborazione dell'aggressività consente al docente di entrare in contatto con l'aggressività degli allievi.

Ai momenti di aggressività collettiva (classe irrequieta, indicazioni del docente disattese ecc...) cui si può rispondere in libertà di scelta:

- reprimendo la situazione di disturbo, forti del potere posseduto,

- o cercando di capire perché la situazione si è determinata,

il docente può opporre la capacità di decifrare il "messaggio" comportato dalla situazione problematica.

Fatto lo spazio necessario (quello possibile) alle componenti razionali, emotive e creative che ne sottendono il contenuto, il docente è nella condizione di vantaggio di chi sa e può accettare la manifestazione dell'aggressività, nei suoi aspetti, per orientarla, fornendo pedagogicamente i riferimenti verso la direzione costruttiva.

La direzione, cioè, che vede - come confronto ideale di riferimento – esistere e fatte esistere, almeno nelle dichiarazioni di principio, le progettualità individuali e corali entrate in sofferenza dentro ciascuno.

Per elaborare allora l'aggressività che si manifesta è importante, da parte del docente, proporsi di verificare se gli atteggiamenti di aggressività visti "fuori", cioè agiti dagli altri, non lo facciano entrare in situazione emotiva difficilmente sopportabile e frustrante.

Conoscere il proprio vissuto emozionale (accanto al razionale) fa sì che il docente possa permettere ai discenti, ad es. nel caso dell'aggressività, di entrare in contatto con questo sentimento (ricordando che è socialmente ritenuto negativo e che quindi può esporre al giudizio degli altri) per "riconoscerlo", oltreché "agirlo", e poi meglio controllarlo, indirizzandone il potenziale verso la dimensione creativa; la quale può avvantaggiarsi delle opportune "prese di coscienza".

Seconda fase

(Si riportano le risposte a domande poste dai partecipanti)

- L'aggressività in senso costruttivo: l'importante è che l'aggressività diventi prima consapevole.

- Elaborazione dell'aggressività: una volta che l'aggressività è diventata consapevole dal punto di vista razionale, bisogna elaborarla emotivamente e trovare delle soluzioni creative.

- Domanda sulla capacità di decidere: è l' Io Persona che può entrare in contatto con l'aggressività, decidendolo.

- Come indirizzare l'aggressività verso la dimensione creativa. Es. in una situazione di classe un insegnante viene rifiutato dagli alunni.

- Il contrasto diventa folle, si richiede l'intervento del preside.

- L'insegnante allora riunisce la classe e dà questo compito: "alla presenza dell'insegnante ogni alunno viene invitato ed aiutato ad esprimere il proprio parere sulla situazione". Alla fine si è giunti ad una elaborazione dell'aggressività da parte dell'insegnante di classe e da parte degli alunni, nei confronti dell'insegnante (nell'esempio citato trattavasi dell'insegnante di religione) e non è stato necessario l'intervento dell'autorità scolastica.

- Il Metodo è utilissimo perché mette in contatto con l'emozione personale.

- La tecnica è la stessa se l'insegnante vuole agire in maniera individuale, cioè nei confronti di un alunno, o nei confronti di un gruppo: cambieranno i tempi e gli sviluppi. Agire l'aggressività: "agire" vuoi dire far esistere l'emozione senza nominarla. La capacità di gestire l'aggressività di un gruppo presuppone la capacità di entrare in contatto con la propria.

- Aggressività collettiva: nell'aggressività collettiva ci può essere il contagio.

- Il potere di reprimere: chi reprime una situazione di disturbo col potere la nega o la rimuove.

- Come cercare di capire cosa ha determinato il disturbo: Applicando il metodo. Come insegnante mi fermo e faccio prendere consapevolezza quindi procedo con le varie fasi del metodo.

- Questo metodo può essere utilizzato nella scuola.

- L'aggressivo soffre, manda un messaggio.

- Per l'applicazione del metodo bisogna conoscerlo e accettarlo; con amore, tolleranza e forza si può aiutare un collega reticente a mettersi in contatto con la sua parte positiva perché possa mettersi in discussione, condizione necessaria per l'accettazione del metodo.

- La disubbidienza fa parte dell'aggressività, non è un meccanismo di difesa.

- L'aggressività non è un meccanismo di difesa.

- Di fronte agli alunni che si chiudono bisogna che il docente si metta in contatto con la sua aggressività.

- Per l'alunno handicappato l'aggressività può essere una maniera di comunicare.

- Ricordarsi che l'aggressività è un sentimento socialmente ritenuto negativo ed è una "presa di coscienza" utile per ogni persona.

- Questo valore viene prima del "rendimento" della classe.

Seconda Parte

(È il momento del lavoro di tipo comunicativo emozionale)

Prima fase

Il relatore dell'équipe comunica e descrive la sua situazione emozionale in questo modo: - Insicurezza, sicurezza, godimento, gratificazione.

Seconda fase

Gli altri partecipanti comunicano e descrivono le loro sensazioni, emozioni e sentimenti come appresso:

- Soddisfazione.

- Gratitudine.

- Rilassamento.

- Ansia.

- Contentezza.

- Tensione speculativa.

- Confusione.

- Insicurezza.

- Sconcerto.

- Interesse.

- Curiosità.

- Interesse.

- Partecipazione.

- Stanchezza.

- Noia.

- Incertezza.

- Disagio.

- Benessere fisico.

- Grande tensione.

- Disappunto.

- Disagio.

- Partecipazione.

- Comprensione.

- Rabbia.

- Impotenza.

- Tranquillità

- Gradimento.

- Aspettativa.

- Disagio.

- Imitazione.

- Partecìpazione.

- Interesse.

- Ammirazione.

- Tensione.

- Partecipazione.

- Comprensione.

- Approvazione.

- Benessere.

- Trepidazione.

- Stanchezza.

- Confusione.

- Insoddisfazione.

- Antipatia.

- Insoddisfazione.

- Distacco.

- Piacere.

- Interesse.

- Attesa.

- Aspettativa.

- Desiderio.

- Desiderio.

- Delusione.

- Amarezza.

- Interesse.

- Disimpegno.

- Simpatia.

- Complicità.

- Calma.

- Serenità.

- Benessere.

- Opposizione.

- Interesse.

- Desiderio di conoscere ancora di più.

- Tensione.

- Soddisfazione.

- Piacere.

- Pacatezza.

- Stanchezza.

- Insoddisfazione.

- Svogliatezza.

- Tranquillità.

- Disappunto.

- Imitazione.

- Stress.

Alla fine di questa seconda fase, dopo la lettura delle comunicazioni prodotte e l'invito (ormai rituale) da parte del conduttore a riconoscersi nella verità del proprio mondo emozionale, spesso contraddittorio e conflittuale dentro ciascuno, viene fatto notare ai corsisti come sempre meglio si evidenzi, da parte loro, la capacità maturata di "contattarsi dentro" e di far emergere senza fatica o resistenza il proprio contributo al "compito". Questo è segno che anche poche esercitazioni seminariali consentono una elevata produttività nella direzione degli obiettivi del Corso.

(Ci si concede 15 minuti di pausa)

Terza Parte

(È il momento del lavoro di tipo intuitivo, interpretativo ed evolutivo). Si riportano di seguito i contributi relativi.

- (membro dell'équipe) Immagino un bambino che frequenta la 3^ classe che voleva essere il primo della classe, ma il suo maestro lo prendeva a calci. Allora il bambino cambiò scuola, fu apprezzato e diventò molto bravo.

- Diventò professore, ma dovette tornare nella sua patria d'origine e incontrò il primo maestro come suo superiore. Fu preso dal desiderio di vendicarsi, ma il maestro era più potente di lui. Pensò allora ad una situazione nuova.

- Ad una riunione immaginò che il maestro avesse ancora un grande potere su di lui e che invece di prenderlo a calci, potesse valorizzarlo. Prese il coraggio a due mani e raccontò al maestro che si era sentito disprezzato da lui, poi espresse il desiderio di essere apprezzato. Il maestro riconobbe che ciò era vero e che lui poteva aiutarlo a realizzare delle cose.

- Siamo al mare: c'è un pesciolino fra i coralli. C'è quasi buio. Anemoni, attinie, coralli. Il pesciolino entra in un antro, che però si chiude perché è la bocca di un grosso pesce.

- Siamo sempre nello stesso mare, ambiente bellissimo. Stavolta è il grosso pesce che va a spasso, e si infila in un galeone che è sul fondo e gira fra tesori, anfore, scheletri; passa accanto ad una falena: è una magnifica donna di legno. Il pesce si struscia tutto lungo la falena.

- (A questo punto dei lavori c'è un silenzio prolungato oltre l'esperienza solitamente vissuta nel gruppo. Il conduttore rileva, all'attenzione dei partecipanti, come spesso il silenzio è indicativo di situazioni mentali dove la creatività è bloccata da meccanismi di censura e rimozione relativi a fantasie o immaginazioni o desideri o intuizioni non facilmente tollerabili dall'ideale dell'Io della persona).

- Bambini legati con delle catene ai banchi.

- In una terza elementare. Era pomeriggio e si portavano i compiti. Io non l'avevo fatto. L'insegnante si scagliò contro di me con ferocia, botte, insulti; mi tirò le trecce, mi sbatté dietro la lavagna con una rabbia, una violenza, una aggressione che ricordo con grossa sofferenza. Scrisse sul mio quaderno "negligente"; le mie compagne ridevano. Ricordo la vergogna, la pena di questo trattamento così feroce. A casa mi chiusi nel bagno con questo quaderno forse da far firmare. Da quel momento io cambiai completamente. L'umiliazione fu così forte che qualcosa cambiò in me; mai più doveva accadermi una cosa così terribile, così traumatica.

(Il conduttore del momento di lavoro fa rilevare come la persona, anziché portare un contributo in linea con il compito di fantasia, sia entrata in contatto con un ricordo personale di grossa sofferenza, "rimosso" fino a pochi minuti prima. La persona interessata è infatti in preda ad una emozione visibile: ha cambiato atteggiamento facciale e cambia spesso posizione sulla sedia. La rassicurazione da parte dell'équipe avviene a due livelli:

1) viene prospettata la possibilità di un momento di elaborazione individuale, a parte, alla fine del lavoro;

2) viene suggerito di tradurre il ricordo in immagini, descrivendole. (Un passo successivo di questa operazione può essere quello di intervenire sulla scena immaginaria producendo interventi creativi di modifiche per le immagini stesse).

In questo caso siamo in presenza di un "contributo", da parte di un corsista, che nel suo intervento riassume un "ricordo".
L'équipe è intervenuta per osservare come ancora una volta il mondo emozionale "toccato" nella persona fa sì che questa attivi una elaborazione "razionale".
È un classico esempio di come il "compito razionale" (quello di produrre una immagine o una fantasia o un sogno) viene disatteso inconsapevolmente per interferenze inconsce di tipo "emozionale". Il conduttore del momento suggerisce al corsista di "creare" una scena da "descrivere", per rappresentare e far "vedere" il ricordo. Ecco la scena: "Vedo un lager nazista dove però sono le S.S. al posto delle vittime. Pur con la loro cattiveria sono trattati bene. Vedo una speranza, pur nella aggressività".
(il lavoro prosegue)

- Mi viene in mente la favola di Biancaneve, ma in una classe. Io sono Biancaneve, con 35 insegnanti. C'è Brontolo che non riesco a cambiare. Chiedo aiuto, arriva un mago che mi dà una bacchetta magica: è il Metodo. Ma la bacchetta non funziona. Sono io che non so' usarla o la bacchetta non funziona?

- Il pesciolino che è nel corpo del grande pesce incontra tanti altri pesciolini: i bambini legati ai banchi. I pesciolini riescono a coalizzarsi e ad uscire fuori. Fanno però entrare anche nel corpo del pesce il maestro di Dante e la maestra di M. perché facciano la stessa esperienza.

- Sono pinocchio insieme a tutti quei pesciolini e sto cercando anch'io gli spazi aperti e i coralli di cui ha parlato S. e spero di trovarli.

- Ho pensato alla volpe e all'uva. La volpe che salta, non può prendere l'uva e dice che non è matura.

- Vedo un museo che accoglie le persone pietrificate nel momento in cui hanno messo in atto un atteggiamento aggressivo. Sono apparentemente morte; si specchiano e staranno lì fino a quando chi ha subito l'aggressione non entri nel museo, la tocchi con amore ed escano insieme.

- Sogno che il museo a poco a poco non abbia avuto più visitatori.

- Prima vedevo un libro dei miei tempi di scuola. La prima facciata: bianca con colori (rosso, bianco, giallo). C'era una bacchetta magica che era una penna che scriveva "amore". In un'altra pagina c'era scritto che l'aggressività e l'odio si possono contagiare con l'amore. Poi c'è una pagina bianca su cui posso continuare a scrivere

- Vedo due cavalli, uno bianco e uno nero, in una campagna. Arrivano in città con una grande folla, passano sotto l'arco di Tito. Uno stuolo di soldati li blocca, li consegna al centurione. Ma i cavalli pensano che sono più forti.

- Vorrei scrivere sulla pagina bianca "Solidarietà, donazione, comprensione".

- Mi sono vista buttare il gesso, come i bambini.

(La "terza parte" finisce qui, con lo scadere del tempo previsto dal programma).

È stata, questa, la seconda volta in assoluto - nella storia delle sperimentazioni precedenti del Metodo - che una relazione o conferenza sia stata assunta a "situazione problematica" e quindi elaborata secondo queste nuove modalità. I risultati vengono dichiarati di soddisfazione da parte dei corsisti che

mostrano anche sorpresa per la semplicità e la praticabilità applicativa e ripetitiva del Metodo stesso. I membri dell'équipe comunicano, a loro volta, riscontri di soddisfazione per il lavoro svolto.

Atti relativi alla mattina del 5° giorno di lavoro (domenica 5 luglio 1992)

I componenti il gruppo di lavoro sono in numero di 23 unità di cui 16 dirigenti, il direttore del corso, i 6 componenti dell'équipe.

- Le attività della mattina prevedono, a scelta, di lavorare secondo due modalità:

    a) ennesimo allenamento su una situazione problematica (in graduatoria) - come per le mattine precedenti - con conferma della sperimentazione del Metodo per la sua valenza didattica.

    b) applicazione del Metodo ad una situazione problematica da scegliere, tra quelle in graduatoria e non, con lavoro sulla stessa da parte dell'équipe in veste di "consulente", con sperimentazione del Metodo, per la sua valenza terapeutica.

(la scelta tra la valenza didattica e quella terapeutica, per quanto concerne il Metodo e la sua produttività, non comporta alcuna modifica delle modalità operative.

Le due valenze, infatti, sono coesistenti:

"Sottolineare" l'una o l'altra serve soltanto a porre l'attenzione - di coloro i quali ne fanno l'esperienza - sulle aree di interesse e sugli aspetti funzionali alla descrizione delle singole valenze comportate dal Metodo.

(Nella valenza didattica, infatti, l'attenzione viene prevalentemente rivolta alla situazione problematica "standard" da conoscere e da elaborare, ciascuno per sé; nella valenza terapeutica l'attenzione viene rivolta alla persona che "soffre" la situazione e che chiede contributi di elaborazione e risoluzione a livello personale.)

I corsisti scelgono la modalità b).

La scelta di questa modalità viene effettuata con una votazione che dà i seguenti risultati

modalità a): applicazione del Metodo secondo la valenza didattica: voti 1

modalità b): applicazione del Metodo secondo la valenza terapeutica: voti 16

(Ha espresso parere anche il direttore del corso)

Le situazioni problematiche offerte per il lavoro sono le seguenti: (l'ordine è cronologico. Il numero riportato in chiusura di definizione indica i voti raccolti).

1) L: Un problema interpersonale attinente al rapporto con un insegnante di scuola materna. (voti 3)

2) M: Il problema della direttrice nel suo rapporto con la segretaria. (voti 15)

3) N: Il problema del direttore a fronte della inesistenza dei rapporti fra due professori del consiglio di classe. (voti 11)

   Si procede dunque a alla sperimentazione del Metodo - nella valenza terapeutica - applicato alla situazione problematica del "Problema della direttrice nel suo rapporto con la segretaria"

Prima Parte

(È il momento del lavoro di tipo comunicativo razionale)

Prima fase

(Sintesi espositiva)

M espone il suo caso:

Nella domanda di trasferimento ho indicato il circolo in cui poi mi sono trasferita. Non avevo preso informazioni. Ho telefonato ad una mia amica che è stata perplessa nel farmi gli auguri. Poi mi avrebbe raccontato: "La coordinatrice amministrativa è un po' strana".

Percezione mia negativa perché ho capacità di relazionarmi con persona in servizio.

10 settembre. C'era solo lei e nessun altro. Per un mese da sole io e lei.

Problema: Lei da applicata è diventata segretaria a 37 anni, pedagoga divorziata, figlio di 18 anni, bravissimo.

Soffre di depressione ma rifiuta di curarsi.

La mattina in genere è già agitata; fuma sempre. Risultava sempre un po' annebbiata.

Non ho capito se avesse delle capacità.

Poi è stata costretta ad assentarsi per otto mesi e ha ripreso servizio il 1° luglio.

Non so cosa non funziona in lei, ma rifiuta di entrare in contatto con me.

Dovrebbe farsi aiutare da "qualcun altro". È brusca con gli altri.

Sembra che abbia paura di relazionarsi.

È diventata il terrore della provincia di Pescara.

Ogni anno fa domande di trasferimento ma nessuno la vuole.

È difficile.

Quando uno entra a scuola la mattina deve cominciare bene e non accettare le sue provocazioni.

Spero che il prossimo anno non sia in servizio.

Il problema è quello della difficoltà con una persona inadeguata con cui devo lavorare tutto il giorno.

Seconda fase

(Si riportano le risposte a domande poste dai partecipanti)

- Non ho chiesto, per interposte persone, cosa pensi il medico curante e "perché" abbia divorziato.

- Sono a conoscenza, in parte, che la situazione dipende da frustrazione.

- Quando ho preso servizio non ho chiesto un colloquio con la collega che "lasciava".

- Ho aspettato di conoscerla.

- L'ho conosciuta quando ho preso servizio. Eravamo solo io e lei.

- Il motivo per cui è andata via è stato di salute, perché pesava 35 chili.

- Non esiste nessuna cartella riguardante lei.

- Il rapporto tra noi due è inesistente.

- Nel mese in cui siamo state insieme, non sono riuscita a capire quali fossero i suoi meriti. Per es. ricordo che aveva esagerato nell'acquisto dei materiali di pulizia. Prima non erano successi fatti del genere.

- Con lei non ricordo un colloquio in particolare.

- Ho saputo che ha qualche amico.

- Alcune insegnanti l'hanno invitata ma lei non si presta.

- Mi sono fatta conoscere come persona e lei inizialmente era ben-disposta. Le ho dato molta fiducia e lei era "convinta".

- Non c'è stato nessuno scontro vero e proprio con lei ma un giorno sono esplosa, le ho detto: "Ma non si rende conto che è una tortura per me?". La mattina dopo ho cercato di recuperare, ma non è stato possibile.

- Non ho chiesto la visita ispettiva.

- L' "ordine", per il materiale di pulizia, era nella norma.

- Le è stato fatto rilevare che il 1° "ordine" era esagerato. Io non lo conoscevo.

- Un bidello poi me l'ha fatto notare.

- Ho cercato di recuperare la somma.

- Lei l'ha saputo e l'hanno saputo anche in giro.

- Sicuramente avrò controllato la delibera preventiva del consiglio di circolo.

- Il primo giorno di scuola non ho distinto i nostri compiti. Non le ho dato una minuta con delle scadenze.

- In questo mese ho notato la magrezza, il fumo, la sua "psicosi".

- Mi ha colpito, in questo mese, il comportamento per il quale mi sorrideva come se avesse la testa altrove. Mi parlava ma non c'era occasione di farlo esaurientemente.

- Da settembre pare che tornerà in aspettativa.

- Non so se mi basta che vada in aspettativa per risolvere il problema.

- Ho compiuto un abuso di potere rimandando indietro la merce.

- Nel lavoro gestiva le sue mansioni e non altre. Se faceva qualcosa per me si irritava. Ho capito che se le chiedevo qualcosa, quasi al cento per cento la offendevo. Anche chiedendo soltanto di "protocollare".

- l'episodio più problematico è stato quello della merce per pulizia.

- Io ho valutato male in ragione del 1° "ordine".

- Non si era assentata negli anni precedenti per aspettativa.

- Ci sono persone o situazioni che la disturbano in particolare: una persona, in particolare, che però non è più in servizio.

- Alcuni giorni fa le insegnanti mi facevano notare che negli ultimi giorni di scuola è più irritabile.

- Del rapporto col figlio non ho conoscenza.

- Ha la mamma; non so in quali rapporti stiano.

- Ho il telefono della mamma.

- Non so se sia il caso di richiedere una visita medico collegiale.

- La sua aspettativa è stata richiesta di mese in mese.

- A giugno voleva mettersi in ferie. Lei temeva che chiedessi la visita medico collegiale.

Seconda Parte

(È il momento del lavoro di tipo comunicativo emozionale)

Prima fase

M comunica e descrive la sua situazione emozionale in questo modo:
- Ansia, senso di liberazione, piacere. Benessere, serenità, tranquillità, desiderio di risoluzione.

Seconda fase

Gli altri partecipanti comunicano e descrivono le loro sensazioni, emozioni e sentimenti come appresso:

- Tenerezza, tristezza, impotenza, astio, rabbia.

- Impotenza, sconforto, ansia, rabbia, dolore.

- Partecipazione, comprensione, tristezza, solidarietà.

- Pacatezza, indecisione, ansia.

- Simpatia, comprensione, partecipazione.

- Senso di pena, condivisione, preoccupazione, senso di dolcezza, paura, interesse, pacatezza.

- Partecipazione, fastidio, irritazione, costrizione, impotenza.

- Serenità, agio, malessere, pena, dolore, comprensione.

- Disponibilità, empatia, solidarietà partecipazione, irritazione, senso di liberazione, senso di colpa.

- Aspettative, solidarietà, ansia, impotenza, rabbia, desiderio.

- Ansia, tristezza, dolore, impotenza, aggressività o rabbia.

- Tristezza, dispiacere, fiducia, speranza.

- Partecipazione, apprezzamento, sorpresa, disappunto, dispiacere.

- Condivisione, partecipazione, solidarietà, tensione, rabbia, disagio, benessere.

- Mortificazione, frustrazione, antipatia, desiderio di rivalsa.

- Empatia, pena, dispiacere, impotenza, desiderio di fuga, apprezzamento, sollievo fisico, benessere, piacere, sofferenza, desiderio di fuga.

- Partecipazione intensa, nervosismo, empatia, affetto, speranza.

- Interesse, partecipazione, disagio, meraviglia, desiderio di sapere, fiducia.

- Immedesimazione, indeterminatezza, forte sconforto.

- Scontento, rifiuto, partecipazione, simpatia, sfiducia.

- Fiducia, tenerezza, amore.

(come previsto, una pausa di circa 15 minuti separa la seconda dalla terza parte)

Terza Parte

(È il momento del lavoro di tipo intuitivo, interpretativo ed evolutivo).

Si riportano di seguito i contributi relativi.

- Immagino di essere nell'agosto '91. Al mare, bel sole: spiaggia tra Pescara e Montesilvano, prendo il sole e sto rilassata. Là vicino c'è una signora e faccio confidenza. Conversiamo, nasce un desiderio di amicizia con speranza di rivederla. 1° settembre: vado a scuola entro e trovo questa persona che "doveva" diventare amica.

- Nella Savana, c'è un leone, è il capo branco, è forte, è il capo. È particolarmente teso per la sofferenza per un altro leone ferito a morte nella psiche. Il capo vive questa emozione e non sa come curarlo. Decide di uscire per cacciare, per sfamare il branco, scegliendo il leone ferito come compagno.

- In un giardino M, che è mia figlia, cade si sbuccia un ginocchio e piange. Cerco di disinfettarla ma lei rifiuta. Una voce ricorda "Il medico pietoso fa la piaga cancrenosa".

- Due persone entrano in conflitto ma tentano di rapportarsi. La corazza impedisce le carezze ma anche gli schiaffi.

- Domani a scuola questa persona le chiede del Metodo.

- Vedo la casa della madre: c'è una tavola imbandita, c'è il figlio e M è invitata a cena, porta il gelato di compleanno. La segretaria ha preparato bene la cena e la direttrice fa i complimenti per la cena e la pagella del figlio. Si cena in una buona atmosfera. Arriva ad un certo punto l'équipe di Novelli forse per il caffè e l'allegria aumenta. Cantano e suonano un po' tutti. Poi si comincia a parlare ed è come se ci siamo noi, come in un sogno. C'è anche il marito e arriva l'équipe del Ce.p.a. e si sviluppa una forte cordialità. Una gran confidenza e verità. Una festa. La stanza si allarga.

- Immagino una gattina che piange e alcune persone la avvicinano: lei li rifiuta e loro pure. Qualcun altro, anche prendendosi graffi, la aiuta e lei si fa aiutare.

- Sogno un paradiso dove c'è un cartello con una zona oscura che si rivela piena d'erba e dei conigli che vogliono entrare. Una coniglia sfonda la porta e gli altri appresso che insieme si trasformano in tutto il personale scolastico. Dentro c'è un istrice che spara i suoi aculei e anziché conficcarsi nelle persone rimbalzano e si conficcano su M.

- In un sentiero polveroso c'è un vecchio sorretto da un giovane. Il giovane inciampa e il vecchio Io sorregge.

- In un campo vedo delle persone nude che mi sono indifferenti ed ad un certo punto tutti (e anche io) si trasformano con benessere e accettazione. Esco dal campo e continuo a vederle nude.

- Una telecamera nascosta ci ha ripreso, il filmato viene trasmesso in TV. La segretaria vede M ed il programma, con attenzione, poi spegne e commenta: " Non avrei mai pensato che la direttrice soffrisse tanto ".

- Io sono la mamma della segretaria divorziata che soffre ed al tempo stesso sono la direttrice. Ho saputo del camion della varechina quindi la chiamo per un colloquio dove le dico che sono in angoscia perché le cose non vanno bene al lavoro. Le chiedo come potremmo concordare una strategia per risolvere il problema. E avviamo una strategia per la struttura lavorativa. E qui vedo una soluzione, uscendo più serena da questo colloquio. Concordo che lei si possa allontanare dal lavoro con maggiore sollievo di tutti. Consiglio di poter essere io a valorizzarla, ridarle uno spazio di fiducia nei confronti delle persone e delle istituzioni. Invito te (un membro dell'équipe) ad avvicinarti dandole la tua fiducia per farle sentire quanto può essere di aiuto.

- Arriva a scuola un avviso per le Olimpiadi della "forza amorosa". Con varie tappe. Nell'ordine: accettazione, riconoscimento, aggressività, amore circolare. Vedo due persone sofferenti per questioni di lavoro e quindi nel giusto. L'altra soffre per la sua storia di manchevolezza e lei, che è più debole, deve essere aiutata di più senza falsa pietà. Va aiutata gestendole l'organizzazione del suo lavoro in modo da essere rassicurante.

(La terza parte finisce qui, con lo scadere del tempo previsto dal programma)

Alla fine di questa terza parte - come previsto dal Metodo quando applicato secondo la valenza terapeutica - i conduttori forniscono alla persona che ha "lavorato" alcune loro intuizioni, quali stimoli su cui l'interessata può approfondire la propria riflessione. Tali intuizioni che si aggiungono in prosecuzione naturale ai tanti contributi fin qua pervenuti, sono ovviamente frutto della formazione in "psicoterapia analitica" che qualifica la competenza professionale dei conduttori stessi.

La persona interessata vede così facilitate in lei alcune "prese di coscienza".

Queste prese di coscienza hanno l'obiettivo funzionale di consentire una diversa comprensione della situazione problematica sofferta, alla luce dell'esigenza di "dover" risistemare tutto il proprio "controllo" sulla realtà esplorata.

In questo caso i contributi intuitivi dei conduttori sono stati i seguenti:

1) La segretaria "fragile" fa vedere alla direttrice la propria fragilità rimossa.

2) L'informazione ottenuta dall'amica sulla segretaria quale "soggetto strano" pone la direttrice in una situazione di attesa e di ansia.

3) All'atto pratico dell'incontro la direttrice attiva un comportamento di comprensione dell'altra che è contemporaneamente un bisogno di comprensione e "tutela" della propria fragilità: la direttrice si propone di essere una madre "buona", per la segretaria, come si è proposto di esserlo verso se stessa.

4) Quando la segretaria si predispone ed accetta di fare la figlia (all'inizio sembra che tutto vada bene) la direttrice avverte la responsabilità ed il peso che questo ruolo le è già costato dentro la propria storia, si spaventa e sente rifiuto per questa fatica. Questo rifiuto viene indirizzato verso la segretaria - all'interno del loro rapporto interpersonale - più o meno mascherato dalle modalità del "costume".

5) La segretaria, "ricevuto" il messaggio, si vive la direttrice come una madre ambigua (perché la comunicazione della direttrice non può essere autentica, in quanto, inconsapevolmente, nasconde il rifiuto dell'altra sotto modalità di

accettazione) e non rassicurante: decide pertanto di non volere rapporti con lei.

6) Come logica vuole, la direttrice si mette a fare il lavoro della segretaria, comportando così di fatto una negazione di quella persona.

7) La segretaria non può fare altro che difendersi - di fronte a questo stato di cose che simbolicamente le rappresentano una negazione - con un meccanismo psichico proprio del bambino rifiutato: "Tu mi rifiuti ed io rifiuto te". Viene così attivata una modalità di essere "onnipotente": "Farò tutto da sola, non ho bisogno di nessuna madre". Quanto precede spiega l'interruzione del rapporto. Su queste ipotetiche "letture" della situazione problematica, i conduttori invitano la direttrice a vedere se può decidere di "accettare" il proprio malessere e la propria fragilità ai quali il gruppo intero ha fatto spazio in sede di lavoro.
Se la direttrice, forte di questa "esperienza di accettazione" - che le è stato consentito di vivere dal gruppo, simbolicamente rappresentante una "madre buona" - "accetta" a sua volta, e fa esistere le proprie parti bambine fragili ed indifese, saprà affrontare queste stesse parti là dove la realtà gliele ripropone "simbolizzate": nella persona della segretaria.

La riflessione finale dei conduttori, per tutti i corsisti, richiama, in chiusura dei lavori del giorno (ed ormai del corso) l'attenzione alle seguenti esigenze:

1) Quella di guardare sempre alla realtà dei rapporti interpersonali secondo una "analisi e modalità di tripartizione" quali quelle suggerite dal Metodo.

2) Privilegiare, quindi, una "ricerca creativa" che si avvantaggi della riduzione di quella confusione sofferta sul piano

razionale della persona, a causa delle interferenze del mondo emotivo - e del mondo immaginario - e che punti ad arrivare, per intuizione, ad una modifica degli schemi rigidi di interpretazione della realtà dentro i quali ciascuno è stato "ridotto" ed "educato".

Atti relativi al pomeriggio del 5° giorno di lavoro (domenica 5 luglio 1992)

I componenti del gruppo di lavoro sono in numero di 23 unità di cui: 16 dirigenti, il direttore del Corso, i 6 componenti dell'équipe.
Vengono distribuiti i titoli dal n° 16 al n° 19.
La lettura degli ultimi titoli citati, da parte dei partecipanti, viene seguita da un dibattito generale sul quadro complessivo teorico così acquisito.

- Viene fatta presente da più partecipanti - ed avanzata in generale - la richiesta di momenti di consulenza più personali (privati), con l'obiettivo, da parte dei singoli corsisti, di perfezionare chiarimenti definitivi, circa gli aspetti del Metodo, da riportare in sede di applicazione personale.

- Da questo momento in poi il tempo di lavoro viene occupato - ad esaurimento - da una pluralità di incontri bilaterali tra membri dell'équipe e singoli corsisti, oltreché da uno spontaneo attivarsi di piccoli gruppi i cui componenti si confrontano sugli argomenti del corso.

- Un'assemblea plenaria della durata di circa mezz'ora chiude il pomeriggio di lavoro favorendo un'acquisizione di contributi, per l'équipe, così riassumibile:

a) consenso verso la portata applicativa del Metodo nella sua valenza didattica e terapeutica;

b) Valutazione positiva dell'opportunità di applicare il Metodo nelle direzioni:

1) dell'orientamento scolastico

2) dell'educazione sessuale

3) della prevenzione del disagio esistenziale (devianze e tossico- dipendenze)

4) dell'elaborazione della conflittualità in generale per una verifica critico-costruttiva delle sue potenzialità;

c) richiesta ai singoli membri dell'équipe di una prosecuzione di contatti volti a maturare ulteriori occasioni di incontro e di lavoro nelle sedi di appartenenza dei singoli corsisti.

Capitolo Sesto

APPENDICE

In questa appendice vengono riportati in ordine di numerazione "gli elaborati" consegnati nell'arco delle 5 giornate di lavoro quale materiale di riflessione costitutivo della cornice teorico-concettuale di riferimento per le situazioni problematiche affrontate nei vari momenti di allenamento proprio degli incontri seminariali.

Come già ricordato gli elaborati sono stati denominati "Titoli" per il particolare significato che i titoli degli stessi hanno assunto in quanto oggetto di votazione per le scelte di lavoro.

Essi sono in numero di 19 e sono di seguito riportati - nell'ordine, dal 1° al 19° - insieme alla bibliografia di riferimento (ultima pagina).

- I Titoli in questione vengono preceduti dalla "comunicazione introduttiva" fornita ai partecipanti quale materiale propedeutico agli stessi.

Comunicazione introduttiva

Mi sono posto la domanda di quale utilità ed opportunità potesse essere il lavoro di piccole relazioni monografiche sui vari titoli del programma. Mi sono detto, in risposta, che la funzione dell'elaborato monografico è di riprendere ed integrare le "conoscenze" da tenere presenti come "di riferimento", con l'obiettivo di consentire la migliore e più consapevole "presenza" nelle attività seminariali.

L'obiettivo cioè di vedere coniugata l'attività seminariale (esperienziale del Metodo) con la Teoria.

Poiché nella definizione del titolo parliamo di metodo ispirato ai valori della Pedagogia Sophianalitica, di questa rimandiamo alla definizione teorico-concettuale ed agli aspetti pedagogici dell'Antropologia Esistenziale Personalistica citata nella Dispensa*

L'obiettivo degli elaborati è dunque quello di far vedere da un preciso angolo prospettico l'insieme della realtà - nella sua teoria e nella sua pratica - che concerne il rapporto interpersonale.

Sono partito da un'analisi della Persona al presente per coglierne le sue dimensioni costitutive. (Titoli 1 e 2).

Mi sono posto il problema di quale evoluzione, per l'aspetto psicologico, riflettesse la persona, rilevando l'importanza della componente razionale e della componente emozionale. (Titolo 3).

Il dato esperienziale, che fa della componente emozionale una dimensione spesso rimossa ed inconscia, ci consente di guardare al comportamento della Persona come sintesi di componenti consce ed inconsce. (Titolo 4).

Se il comportamento è anche il risultato agito da una parte di me che sfugge alla mia consapevolezza cosciente, esso non sempre è sotto controllo, anzi, costantemente, sfugge, nella sua totalità (verbale, gestuale, ecc...), al controllo del soggetto attore.

Da quanto premesso si deduce come il comportamento di una Persona, che incontra un'altra Persona portatrice anch'essa del proprio comportamento, vede nella relazione interpersonale una problematicità per quelle parti di comportamento che arrivano dall'una persona all'altra come messaggio di comunicazione e che sfuggono alla consapevolezza razionale cosciente dell'una e dell'altra.

La percezione intuitiva di questa verità si può assumere come una delle possibili radici del disagio esistenziale. (Titolo 5)

Riproporsi, in un "laboratorio sociale", all'interno di rapporti interpersonali per studiare la comunicazione, consente di elaborare, dopo averli conosciuti, i meccanismi che la sottendono all'interno di ogni Persona e che fondano gli "aspetti" delle varie comunicazioni.

La somma di tutti gli aspetti e modalità del "comunicare", secondo i vari stili di comportamento personale (es: voce alta, voce bassa), compone il vissuto psicodinamico di un gruppo (classe o altro). (Titoli 6, 7, 8). Vedi pagina 39.

La conoscenza di come "si è " e di come si "arriva", nella propria immagine, all'altro, attraverso il comportamento di comunicazione, diventa allora presupposto per un recupero di consapevolezza e di scelta, più libera e vera, di quale messaggio, nella propria coerenza cosciente, si vuole fare arrivare come propria posizione di verità. Tutto questo acquisisce autenticità. (Titolo 9).

Nella conoscenza e ricomprensione, da parte di ciascuno, di sé e delle proprie modalità storiche di interazione, la Persona "grande" può andare verso la Persona "minore" con una autenticità accresciuta in evoluzione naturale (intesa come non forzatura ma nel rispetto di sé). (Titolo 10).

Potere riprodurre un comportamento e riproporne la conoscenza all'altro dà significato al termine "reciprocità " nella comunicazione interpersonale.

L'altro spesso mi manda e mi fa vedere nella sua "azione - reazione" aspetti del mio mondo psicologico dei quali spesso non sono consapevole ma che mi appartengono. (Titolo 11).

La forza, con cui sono stato costretto a reprimere da bambino gli impulsi derivanti dal mio mondo emozionale, ed il disappunto, o risentimento, con cui ho vissuto le situazioni in cui le emozioni mi hanno tradito, rappresentano, al presente della Persona "grande", una componente di aggressività che è "inconsciamente" presente nella Persona ed è "tesa", pronta a scattare ogni volta che da fuori - da un'altra persona - mi arrivino messaggi "carichi" di quelle emozioni verso le quali sono stato educato al rifiuto.

Questa verità fa sì che nella dimensione personale (intrapersonale) ed interpersonale della relazione umana viene agita costantemente e legittimata nei migliori modi ogni forma di aggressività. (Titolo 12).

Prenderne coscienza significa diventare liberi di non subire questi meccanismi che strutturano i nostri comportamenti mentali prima ancora che siano agiti. Significa anche poter orientare le forze pulsionali, rese così disponibili, e ricondotte sotto il controllo dell'Io ed al servizio dell'Io stesso (aggressività costruttiva). (Titolo 13).

Non rendersi conto e/o non prendere coscienza di queste verità comporta il permanere, nei vari aspetti del comportamento, di quei margini di non consapevolezza che fanno la difficoltà e la problematicità dei rapporti interpersonali. All'interno di essi la comunicazione non viene "compresa" ma semmai percepita come logica e coerente sul piano razionale, incoerente ed ambigua sul piano più profondo (quello emozionale).

In questo modo le tensioni restano esposte ad un uso spesso inconsapevole di tipo aggressivo-distruttivo (aggressività-distruttiva) in quanto energie usate per rifiutare. (Titolo 14).

Un docente che si pone, nel rapporto interpersonale con il discente, nelle condizioni di consapevolezza del proprio mondo emozionale e di quanta rimozione ha agito contro di esso (anche con aggressività) può sospendere questa azione di negazione del valore esistenziale di questa dimensione costitutiva della Persona, e può decidere di non agire più quella negazione. (Titolo 15).

Il messaggio che arriva al discente che è alle prese - e con più difficoltà - con quel problema, è di accettazione e di sollievo, in quanto percepisce il docente più come un alleato, consapevole di condividere lo stesso problema, che come un persecutore pronto a colpire (se il discente fallisce nella sua impresa solitaria, condotta contro il suo mondo pulsionale dell' emozionale e dell' immaginario).

Il discente scopre così di non avere più bisogno di rispondere con sfiducia ed aggressività ma che può contare sul docente come su di un alleato. (Titolo 16).

La situazione conflittuale conseguente alla realtà dei rapporti interpersonali, che vedono le Persone al loro interno intente a rifiutarsi - "a causa" del mondo emozionale - ne esce alleggerita, e la comunicazione che ne emerge, più carica di integrità e di verità, fa poi sì che sia la comunicazione stessa a promuovere la conoscenza delle difficoltà che fanno conflitto, dentro ciascuno (e l'uno verso l'altro), con una evoluzione positiva di ogni problematicità. (Titoli 17 e 18).

Il pedagogo vede così, alla fine di questo processo di formazione e di metodo, recuperata la capacità di promuovere se stesso ed ogni altra

Persona come sviluppo armonico tra fisico, psichico, ed esistenziale. (Titolo 19).

Titolo 1

La dimensione fisica e la dimensione psichica della persona

La dimensione fisica della persona (o dell' Io Corporeo) è quella a noi più conosciuta e non soltanto nel suo involucro, che ciascuno può toccare, curare, ma anche nella sua componente interna: anatomica, fisiologica, neurologica.
Ciascuno ha idea del cuore, del fegato ecc...
Il corpo è un polo con cui ciascuno può relazionarsi agli altri: con la voce, con atteggiamenti di avvicinamento od allontanamento fisico determinati dalla percezione.
La percezione è un processo con cui un organismo, a seguito dell'eccitamento dei recettori sensoriali e con l'intervento di altre variabili, acquista consapevolezza dell'ambiente così da poter reagire adeguatamente rispetto ad oggetti, qualità o eventi e persone.
La dimensione corporea è "culturalmente" molto curata: si va in palestra, si seguono diete, la maggior parte di noi cerca di prevenire patologie gravi attraverso l'uso sistematico del check-up.
La dimensione corporea entra nella comunicazione attraverso le sensazioni.

La dimensione psichica della persona (o dell'Io psichico) - nell'uso della psicologia - è sinonimo di mente (... il corpo e la mente).
Questo termine, in psicologia e in psicoanalisi, è preferito ad anima e spirito perché permette di evitare implicazioni filosofiche e religiose. Si riferisce ad attività di pensiero o comunque "percepite" con la mente (in contrapposizione alle attività motorie): emozioni, fantasie, sogni ...
La dimensione psichica entra nella comunicazione attraverso le emozioni, che possono essere vissute come esperienze e divenire oggetto

di introspezione: esperienze spiacevoli che conducono all'allontanamento o al rifiuto, oppure piacevoli che inducono all'accettazione.

È da tenere presente che l'emozione è strettamente collegata con la motivazione, anzi quest'ultima può essere condizionata dall'emozione. L'aspetto motivazionale dell'emozione corrisponde all'energia e alla direzione significativa. Il comportamento, che si manifesta nelle diverse situazioni è, di riflesso, condizionato e/o modificato dalle emozioni.

Le emozioni possono avere un aspetto espressivo, cioè, essere manifestazioni non intenzionali del comportamento.

Queste manifestazioni comprendono espressioni del volto e in varia misura gesti e modulazioni della voce.

Ne sono esempio il Sorriso, il riso, l'incomposto esultare per la gioia, il viso contratto ed il grido di chi è terrorizzato, alcuni atteggiamenti di minaccia, ecc… In generale si considerano in questo aspetto espressivo anche le reazioni vascolari che danno luogo al rossore e al pallore. Va tenuto presente che questi aspetti espressivi, nel corso dello sviluppo individuale, subiscono l'azione modificatrice sostanziale dell'apprendimento per cui, in conformità con esigenze sociali, sono controllate e contenute; essi si informano inoltre a modelli standardizzati.

Nelle emozioni, e più particolarmente negli stati emotivi di notevole intensità, si possono notare anche concomitanti fisiologiche.

Queste insorgono in situazioni di pericolo (paura) e di grave impedimento all'azione (ira) o in altre situazioni di emergenza, oppure si riferiscono alle emozioni di gioia o di grandi afflizioni. Non è però possibile una distinzione precisa di queste concomitanti fisiologiche, a seconda della natura dell'emozione.

Le modificazioni più studiate sono quelle che si verificano nelle situazioni di emergenza. In tali situazioni esse (corrispondenti a quelle che si ottengono per stimolazione del simpatico) rendono, nel mondo animale in genere, l'individuo più adatto alla fuga o al combattimento.

Le principali sono le seguenti: aumento del glicogeno nel sangue; aumento della pressione sanguigna e modificazioni della irrorazione sanguigna in alcune regioni del corpo, accelerazione ed altre irregolarità del respiro, produzione di adrenalina ecc…

Le emozioni dell'uomo, spesso anche quando non rispondono adeguatamente a stati di emergenza, con il loro ripetersi non solo determinano deviazioni temporanee del comportamento, ma possono anche costituire co-determinanti di disordini mentali e di malattie somatiche.

Culturalmente, in generale, non c'è un'attenzione particolare per l'emotivo. Si può ricordare come con l'illuminismo l'uomo viene ridotto a pura facoltà razionale. "Cogito ergo sum" è la massima cartesiana che ben definisce ed in parte estremizza questo concetto.

L'uomo ha fatto sì che il razionale si sviluppasse fino a relegare in un angolo le altre componenti. Dell'emotivo non si è potuto parlare per tanto tempo, fino a quando Freud non ha potuto dimostrare che l'emotivo "bandito" aveva invece una sua manifestazione e poteva essere rivelato.

Esso era semplicemente diventato sconosciuto, "inconscio", ma poteva essere portato alla coscienza attraverso altre funzioni della mente: libere associazioni, sogni, fantasie, lapsus. . . ecc...

Freud è stato il primo a rendersi conto che la visione che l'uomo poteva avere di se stesso era quella di essere composto da due parti separate la mente e il corpo.

Si è parlato spesso del misterioso salto dalla mente al corpo, si sono svolti studi in tal senso, ma pur essendo certi della loro connessione questa ancora non si è potuta dimostrare fisiologicamente.

Dalla visione del tutt'uno tra la mente ed il corpo è nata un'importante disciplina la Psicosomatica.

Titolo 2

La dimensione esistenziale o dell' Io Spirituale

Per arrivare a parlare e a capire la dimensione esistenziale può essere utile ricordare alcuni concetti - oltre a quelli già espressi sulle altre dimensioni che compongono l'uomo - che si possono considerare storicamente secondo tappe evolutive:

1) l'esistenzialismo, che con indirizzi filosofici diversi ha, come strumento d'indagine comune, l'analisi dell'esistenza come modo di essere dell'uomo nel mondo, specialmente nelle sue esperienze estreme: il trovarsi di fronte alla morte, all'angoscia, alla disperazione, alla colpa.

2) L'Antropologia esistenziale teorizzata da Binswanger, che porta come contributo l'idea dell'uomo-esistenza, cioè un "essere" aperto al mondo, un "Esserci".

3) Il concetto dell'uomo sociale, che vede l'uomo necessariamente calato ed inserito in un gruppo sociale e studia le condizioni del suo aggiustamento ad esso. L'uomo sociale deve regolare i pasti, gli sfinteri, la pulizia, la sessualità; in grado più elevato la frequenza scolastica, il rispetto dei diritti degli altri.

4) La Metapsicologia Personalistica di Antonio Mercurio, che rivaluta dell'uomo anche la sua componente spirituale, indicando come prove dell'esistenza di questa dimensione:

a) che l'uomo è dotato di libertà

b) che l'uomo è capace di superare totalmente o sostanzialmente i condizionamenti.

Il principio integratore delle 3 componenti dell'uomo (fisica, psichica, esistenziale) è l'Io Persona, che è dotato di libertà ed in questa libertà può scegliere i comportamenti o le strategie da attuare per la sua evoluzione (la realizzazione del suo Progetto di Persona).
È bene ricordare che non si diventa "persone" per uno sviluppo automatico. Ciascuno ha la "possibilità" di diventarlo.
La Persona nel suo divenire è chiamata ad agire per unificare in sé le proprie componenti dell'Io e del Sé con la realtà.

Titolo 3

Evoluzione psicologica dell'uomo

Con il termine evoluzione si intende il processo per cui oggetti, qualità od eventi, passano da una forma, o da un'espressione più semplice, ad una più complessa e completa.

Per quanto riguarda l'uomo con il termine evoluzione s'intendono le modificazioni di struttura, di funzione, di organizzazione che si producono nell'organismo, durante tutto il corso della vita, dalla sua origine, avendo fine, se la durata di questa lo consente, con la più tarda senescenza.

L'organismo, infatti non è mai statico e le modificazioni, che sono necessarie per il suo funzionamento, avvengono per tutta la durata della sua esistenza. I processi di sviluppo sono determinati dall'interazione di fattori genetici, ambientali, psicologici.

Il fattore di cui trattasi è quello psicologico.

L'uomo deve superare, a livello psicologico, delle tappe determinanti per il suo sviluppo. Esse si possono ricordare come appresso riportato.

1) La fase prenatale. Va dal concepimento al momento della nascita. Dagli studi più recenti il feto si è dimostrato sottoposto ad evoluzione fisica e psicologica, indotta quest'ultima dalle emozioni materne e dalle motivazioni (consce ed inconsce) che hanno indotto la madre a questa gravidanza, ma anche (e da recenti ricerche scientifiche soprattutto) da una particolare proto-motivazione identificabile nel feto.

2) Il momento del parto. Le caratteristiche del parto rivestono, a livello corporeo, grande importanza per le lesioni del cervello che possono verificarsi con relativa frequenza nel parto difficile (distocico). Secondo la psicoanalisi, il trauma della nascita assume un rilevante significato psicologico in quanto costituisce la prima esperienza d'angoscia.

3) La fase preedipica. Va dalla nascita fino a circa 3 anni.

   È la fase caratterizzata, a livello psicologico, da grandi emozioni.
   Il bambino passa da una situazione in cui si crede, confuso con
   sua madre, ad una situazione in cui si può identificare diverso da
   lei. Passa quindi dallo stabilire una relazione con un oggetto par-
   ziale (capezzolo) al diventare capace di riconoscere la figura materna nel suo insieme e di inaugurare, quindi, la relazione con
   l'oggetto totale.

   Questa fase è importantissima per la costruzione e percezione
   della realtà.

   Questa fase, inoltre, è caratterizzata dalla dipendenza che il bambino vive necessariamente. In effetti egli è, tra il mondo animale,
   il "cucciolo" più dipendente.

   Questa dipendenza permette al bambino di vivere emozioni che
   lo segneranno profondamente.

   Egli può sperimentare situazioni di piacere, nell'essere coccolato,
   accudito ecc... o di dispiacere nel non ricevere le cure di cui ha
   bisogno. Quest'ultima situazione (di dispiacere) porterà l'individuo adulto ad avere delle mancanze che dovranno essere col-
   mate.

   La persona dunque, nella sua evoluzione, diventerà più o meno
   capace di superare queste tappe evolutive. E quindi più o meno
   capace di inserirsi, una volta adulta, in modo maturo nella vita.

   Chi resta bloccato in una di queste tappe evolutive diventa portatore di un "sintomo" o di un "disagio esistenziale".

4) La fase edipica. Va all'incirca dai 3 ai 5 anni di età ed è caratterizzata dalla presa di coscienza, per il bambino, che ci sono altre
   persone oltre lui e la madre (presenza del padre, dei fratelli,
   ecc...).

   Questa fase, secondo la teoria psicoanalitica, è caratterizzata dal
   complesso di Edipo, che, semplificando molto, è l'amore, in
   parte cosciente e in parte inconscio, per il genitore dell'altro
   sesso e la conseguente gelosia e rivalità per il genitore dello stesso
   sesso.

Per la psicoanalisi classica il complesso di Edipo non può risolversi, si può solo rimuovere (cioè allontanare dalla coscienza) o sublimare.

Per la rnetapsicologia personalistica di Antonio Mercurio il complesso di Edipo può risolversi, rivivendo il problema da adulto, attraverso le proiezioni.

Il superamento della tematica edipica porta il figlio a riconoscere che è anche figlio di suo padre, è fiero del suo cognome, può assumere un giusto ruolo sessuale.

5) L'adolescenza. Va dall'inizio della pubertà al raggiungimento della maturità mentale, che si considera propria dell'età adulta. In questo periodo viene attuato il passaggio dallo stato di dipendenza "relativa" della fanciullezza a quello relativamente indipendente dell'età adulta, attraverso una strutturazione della personalità.

L'individuo diviene altresì capace di disciplinare le esigenze del bisogno sessuale e di valutare, a volte, l'importanza morale e sociale della formazione, con il matrimonio, di un nuovo gruppo (la sua famiglia), relativamente autonomo e rispondente nel modo più adeguato alle esigenze della cura e dell'educazione dei figli.

Titolo 4

Il comportamento come risultante della componente conscia ed inconscia.

Per comportamento si definisce, nel significato comune, qualsiasi azione o reazione che una persona manifesta rispetto all'ambiente.
Il comportamento è componente essenziale della psicologia, tanto che essa è indicata anche come la scienza del comportamento.
Attraverso sue manifestazioni parziali (e loro componenti) si può

dedurre l'esistenza delle attività mentali che sono oggetto della specifica ricerca della psicologia.

Il comportamento ci permette infatti di estendere la nostra indagine, anche per le esigenze della psicologia clinica, ad aspetti dell'esperienza che hanno, originariamente, carattere soggettivo (privato), come: attività di pensiero, immagini, ecc.

Queste attività per poter essere oggetto di ricerca devono essere rese oggettive (pubbliche) mediante comportamenti particolari, altamente significativi: il linguaggio, la scrittura, la mimica, ecc…

Nella comunicazione le modalità che si manifestano con il linguaggio (parlato o scritto) costituiscono il comportamento verbale, quelle che si manifestano con il disegno e la pittura, il comportamento grafico, quelle che si manifestano con la mimica, il comportamento mimico.

Questi comportamenti, a loro volta, possono essere fissati e divenire oggetto di studio con la registrazione, la fotografia, la ripresa cinematografica.

Lo studio del comportamento ha dato luogo ad una corrente psicologica chiamata Comportamentismo.

Anche l'indagine psicoanalitica si basa su dati forniti dal comportamento, sia esso verbale che non verbale.

Spesso ci sono contraddizioni nell'ambito del comportamento: ad esempio tra quello verbale e quello non verbale.

In questo caso attraverso la fantasia, l'immaginazione ecc.., si possono ricercare i significati nascosti del comportamento.

A questo proposito, per capire meglio, citiamo, ad esempio, il comportamento di un bambino di scuola elementare.

Un bambino è in vario modo resistente alle sollecitazioni della maestra/o ed attua comportamenti di disturbo della classe e della lezione:

- possibile significato razionale: non è bene educato, ha problemi comportamentali, fa i capricci, non è adeguatamente dotato a livello intellettivo ecc…

- Ipotesi di significato simbolico[6]: è resistente agli stimoli portati dalla maestra/o perché sente "inspiegabilmente" di avere paura e non sa o si vergogna di dirlo.

Oppure: si sente abbandonato dalla madre e non sa trovare altri comportamenti per controllare l'angoscia che tale situazione gli comporta. Da questo esempio si può intuire come il comportamento sia la risultante, con diverse modalità, di verità da indagare e non tutte immediatamente evidenti; tutte comunque, riconducibili a motivazioni razionali ed emozionali consce ed inconsce.

I contenuti del mondo inconscio, personale e sociale, sono veicolati dalla dimensione corporea e da quella psichica.

Titolo 5

La problematicità della relazione interpersonale e disagio esistenziale

Per rapporti interpersonali si intendono quei rapporti che si istituiscono fra due o più persone e che ne influenzano reciprocamente, in vario modo e grado, il comportamento.

L'uomo è un essere sociale: vive in gruppo e si relaziona con gli altri componenti del gruppo.

Si hanno quindi innumerevoli forme di relazioni che possono collegarsi a concetti come l'identità, la coesistenza, la successione, la corrispondenza, la dipendenza, la causalità, ecc...

---

[6] propongo per il "simbolico" la seguente definizione: "simbolico" qualifica una modalità di comunicazione rappresentativa di verità emozionali ed intenzionali non accessibili alla coscienza dell'Io delle Persone, se non attraverso appropriate chiavi di lettura.

Tali rapporti sono alla base della "teoria dinamica di orientamento sociale" di Harry S. Sullivan*[7] che vede il carattere della persona modellato dall'azione decisiva delle pressioni sociali interpersonali, cioè dall'acculturazione e dalla socializzazione dell'Io cosciente.

L'Io personale di ciascuno vive un'evoluzione (non solo fisica ma anche psicologica), e vede crescere una capacità più o meno grande di superare le tappe evolutive, per arrivare, una volta adulto, ad inserirsi in modo maturo nella vita.

Chi resta bloccato in una di queste tappe evolutive diventa portatore di un "sintomo" o di un "disagio esistenziale".

L'uomo non ha, sùbito, la capacità di cogliere relazioni, ma l'acquisisce per gradi e con crescente estensione nel corso dello sviluppo del pensiero razionale.

Attraverso questa capacità si arricchisce progressivamente la nostra vita mentale nella quale i processi psichici si uniscono in una connessione ininterrotta e acquistano il loro significato particolare, a seconda delle relazioni in cui stanno gli uni con gli altri.

Ciascuno di noi sa, per esperienza, come sia difficile comunicare.

Per capire come incide la componente emotiva (a noi meno conosciuta di quella razionale) sulla comunicazione, si può parlare di quei meccanismi di funzionamento della vita mentale che la psicoanalisi chiama "meccanismi di difesa".

Questi meccanismi forgiano i modi in cui l'Io cerca inconsciamente di proteggersi contro gli stimoli spiacevoli provenienti dall'ambiente.

Il concetto di meccanismo di difesa è accettato in varia forma e misura anche fuori dalla psicanalisi, con riferimento a difese coscienti; in

---

[7] Harry S. Sullivan (1892-1949) Psichiatra clinico e studioso di rapporti interpersonali. Egli riconosce nello sviluppo della sua teoria l'influenza di Freud e rivolge la sua attenzione all'orientamento psicologico-sociale.
La sua psichiatria interpersonale si fonda sul presupposto che l'uomo è il prodotto dell'interazione con altre persone (in particolare genitori o loro sostituti, altri componenti della cerchia familiare, educatori, ecc...) e che da questa interazione l'uomo può trarre il suo malessere o il suo benessere.

questo caso il termine viene spesso sostituito con "meccanismi di aggiustamento" o da "aggiustamenti" sostitutivi.

A noi interessa soprattutto la parte dei meccanismi inconsci, che ci sono di aiuto per capire come funziona l'Io della Persona. Eccone alcuni:

La proiezione: è un processo automatico per cui un oggetto o l'ambiente appaiono modificati oppure deformati in dipendenza di tendenze ed emozioni dominanti nella persona soggetto della percezione. In tal modo, vengono attribuite all'oggetto o all'ambiente, in varia misura, elementi rappresentativi, emotivi, cognitivi, che "effettivamente" appartengono soltanto alla personalità del soggetto.

Il termine proiezione spesso si estende, oltre che alle reazioni percettive ed ai sentimenti ed emozioni che le accompagnano, a valutazioni di comportamento e a giudizi in genere, nonché alle condotte che ne derivano.

Secondo la psicoanalisi, si tratta di un meccanismo inconscio attraverso il quale contenuti mentali repressi vengono attribuiti ad altre persone od oggetti.

Generalmente questo meccanismo è utilizzato a scopo di difesa contro impulsi ritenuti inaccettabili da parte dell'Io.

L'identificazione: è il processo inconscio per cui un "Io" si adatta ad un "Io" estraneo e, di conseguenza, si comporta sotto alcuni aspetti come l'altro "Io", lo interpreta, lo imita e lo accoglie, in un certo senso, dentro di sé.

L'identificazione può avvenire anche con qualsiasi oggetto.

L'introiezione: è una forma più stabile del processo di identificazione paragonabile all'incorporazione di un determinato oggetto nell'Io (è un meccanismo dei primi mesi di vita quando il bambino non sa ancora distinguersi da sua madre).

Secondo Melania Klein, identificazione, introiezione e proiezione rappresentano processi che si alternano e contribuiscono alla formazione della relazione oggettuale ed allo sviluppo della personalità infantile.

La repressione: è la funzione di respingere e di porre un contenuto mentale fuori dalla coscienza.

Gli impulsi repressi rimangono attivi nell'inconscio. Le repressioni decisive iniziano tutte nella prima infanzia; successivamente il rapporto fra forze represse e forze reprimenti può variare.

La razionalizzazione: è il processo di elaborazione di un "motivo" capace di giustificare una "condotta", determinata anche da fattori inconsci. Questi a volte predominano.

Continuamente, anche all' infuori della psicoanalisi, si parla di razionalizzazione o anche di giustificazione, quando si sceglie arbitrariamente un motivo accettabile, ma non sufficiente o del tutto falso, per spiegare un insuccesso. La razionalizzazione può condurre all'approfondimento delle cause determinanti di un insuccesso, ad una selezione non più arbitraria dei motivi, e di qui ad un' attività riparatrice e costruttiva.

La negazione: è il processo per cui un'immagine, o un pensiero represso, può farsi strada nella coscienza a condizione che venga negato. La negazione implica l'affiorare alla coscienza di ciò che è represso, ma non l'accettazione.

Una forma particolare e frequente di negazione è quella che si riferisce alla negazione delle realtà spiacevoli ed alla tendenza a dimenticare.

La formazione reattiva: è il processo per cui si sviluppa un tratto del carattere, secondario e opposto a quello originale, che reprime e nasconde un impulso sessuale o aggressivo. Ad esempio una madre può sviluppare un'affezione apparentemente esagerata per il figlio che inconsciamente rifiuta.

Titolo 6

Il gruppo come oggetto di studio e soggetto di esperienza per ciascuno.

Rileviamo come l'emotivo debba "culturalmente" non esistere o nella migliore delle ipotesi, debba rimanere nascosto dentro di noi. Conosciamo anche le difese che l'uomo pone in atto per non affrontare alcune difficoltà che gli creano paura o angoscia.

Tra i modi di cui disponiamo per entrare in contatto con le nostre parti sconosciute, si può collocare lo strumento del "gruppo di lavoro" con finalità didattico- terapeutiche.

Tale gruppo favorisce:

1. Un'esperienza in cui l'emotivo può venire alla luce, in situazione di accettazione e di protezione, in quanto i conduttori possono guidare l'emotività dei partecipanti garantendo regole rassicuranti.

2. Un'esperienza di riconoscimento della confusione che esiste tra le parti che compongono la comunicazione: la componente razionale e la componente emotiva.

3. Un'esperienza di separazione funzionale delle due parti già menzionate (razionale ed emotiva) e di consapevolezza delle difficoltà relazionali elaborate nello spazio - gruppo.

4. Un'esperienza di "contatto" con le emozioni riconoscendo come una stessa situazione può provocare contemporaneamente più emozioni anche opposte tra loro.

5. Un'esperienza di "accettazione" delle emozioni espresse dagli altri le quali sono anche dentro ciascun partecipante, in quanto rimosse.

6. L'acquisizione della consapevolezza che, anche attraverso l'esplicitazione dei vissuti emozionali provati, la situazione problematica, che si desidera superare, non si può risolvere.

7. Un'esperienza di verifica della rigidità degli schemi di comportamento che, dentro ciascuno, non permettono di modificare la situazione problematica.

8. Una riscoperta della creatività (attraverso le sue componenti quali la fantasia, l'immaginazione, il desiderio, il sogno) come

"altra" dimensione dove fondare la capacità di risolvere problemi con soluzioni originali (l'intuizione).

L'esperienza realizzata nel lavoro di gruppo porta alla presa di coscienza che, per un buon rapporto interpersonale, è positivo:

- cercare di capire l'altro; non porsi nell'interlocuzione come se già "si sa tutto di lui";

- cercare di arrivare attraverso le prime due parti del Metodo – i momenti razionale ed emotivo - a "comunicare" in modo il più autentico possibile, e di arrivare, attraverso il momento creativo, alla migliore luce sulla situazione problematica;

- mantenere la migliore separazione possibile tra il razionale e l'emotivo perché ciò impedisce che si crei confusione nella comunicazione. Di conseguenza il messaggio è comprensibile;

- sentirsi accettati sia che si esprimano emozioni ritenute "socialmente positive" sia che si esprimano emozioni ritenute "socialmente negative". Anzi è importante accettare e sentire "vera" l'affermazione che ciascuno possiede parti positive e parti negative;

- accettare che, anche da adulti, possiamo presentare emozioni caratteristiche dei bambini;

- riconoscere ed accettare i propri limiti (così da andare verso gli altri con la stessa capacità di comprensione) e realizzare un reciproco aiuto, cosicché il rapporto interpersonale sia di crescita per ciascuno e privo di ansie persecutorie (la paura del giudizio dell'altro).

Si può concludere che è negativo, per la comunicazione:

- sentirsi superiore all'altro, perché ci pone in situazione di non "ascolto" dell'altro. In questo caso non c'è interlocuzione;

- perseguire ideali di perfezione;

- non riconoscere che, pur differenziandoci, tutti i sentimenti espressi possono appartenerci, anche se ciascuno li può vivere coscientizzati in situazioni diverse;

- non riconoscere che l' Io Persona è formato da più dimensioni che interagiscono: quella dell'Io Corporeo, dell'Io Psichico, dell'Io Esistenziale e del Sé, il quale racchiude il progetto della Persona (può paragonarsi al DNA, per la dimensione spirituale).

Titolo 7

Componenti costitutive della comunicazione interpersonale nei loro aspetti.

Per poter riuscire a comunicare è importante guardare alle parti che costituiscono la comunicazione:
la parte razionale, di solito, è quella che conosciamo di più perché è quella di cui abbiamo più esperienza.
È attraverso la parola, infatti, che esprimiamo il nostro mondo cosciente, secondo la logica del pensiero, e cerchiamo di comunicarlo per renderci comprensibili.

Il nostro mondo emozionale invece, pure costitutivo della comunicazione nel "coinvolgimento" tra persone, sfugge, di solito, alla nostra coscienza.
È vero infatti che non sempre siamo capaci di renderci conto - per esempio - che mentre la nostra voce dà espressione al razionale, contemporaneamente, attraverso le sue inflessioni, dà espressione all'emotivo (una voce forte, un sussurro, un singhiozzo). Ugualmente comunichiamo emozioni senza rendercene conto anche quando valutiamo razionalmente di dover "interrompere" l'altro impedendogli di esprimere il suo pensiero.

Anche il corpo, infine, con il suo linguaggio, concorre a dare espressione all'emotivo: si può gesticolare con le braccia, tenere tutto il corpo fermo e rigido, stare proteso verso l'altro, ecc...

Di queste componenti che vengono passate come "messaggio", nella reciprocità di ogni comunicazione, il "seminario esperienziale sui processi della comunicazione interpersonale" * favorisce una verifica di esperienza.

Titolo 8

Modalità di elaborazione dei meccanismi che sottendono le dinamiche nel gruppo classe.

La modalità proposta dal Metodo si può adottare anche nel gruppo classe. L'insegnante può proporre, al sorgere d'ogni situazione problematica, di lavorare secondo il Metodo.

Una delle persone interessate dalla situazione problematica si propone come "portatore" del "caso".

Sotto la conduzione del docente tutto il gruppo-classe può elaborare la situazione problematica, con il vantaggio che gli alunni possono entrare in contatto con la loro emotività, e senza il bisogno di rimuoverla (o di agirla senza controllo).

Si può così fare spazio a tutte le dimensioni della Persona, senza lasciarne esclusa qualcuna, ed avvantaggiarne il livello di comunicazione globale.

*vedi II parte pag. 215

Titolo 9

La conoscenza di Sé come presupposto di crescita della propria autenticità.

"Conosci te stesso". È un "messaggio" che ha ormai millenni e mai come oggi è attuale e denso di significato.

È indubbio che l'uomo di oggi ha almeno una parte di Sé che non conosce: il proprio mondo emozionale.

Infatti con l'illuminismo si è privilegiata l'importanza della ragione, a discapito dell'emotivo, fino ad esasperare l'importanza della prima ed a perdere la conoscenza del secondo.

Che fine ha fatto l'emotivo? L'esperienza di ciascuno dice che spesso la nostra capacità di ragionamento può, più o meno, venire turbata in presenza di intense emozioni (soprattutto la passione[8]).

Lo stato emozionale, oltremodo intenso e incontrollato, spiega l'aggressività a volte estrema, la noncuranza delle consuetudini e delle leggi, il disprezzo del pericolo, il coraggio eccezionale di fronte alle difficoltà che possono ostacolare l'azione. Le mete a cui l'individuo mira, in questi casi, sono spesso in contrasto con le abituali caratteristiche della "condotta", la quale subisce una temporanea e spesso profonda alterazione, fino a dimostrarsi irrazionale. Ecco dove l'emotivo agisce, imprevedibile ed insufficientemente conosciuto per essere "gestito".

È importante quindi arrivare a "rendersi ragione di un comportamento o di una condotta"; avere consapevolezza dei motivi che li determinano (così da poterne riferire o dare giustificazione); è importante arrivare gradualmente alla consapevolezza piena di se stessi, cioè attraverso la conoscenza delle proprie dimensioni costitutive.

Per arrivare alla conoscenza di sé bisogna considerare ed accettare:

- l'esistenza del conscio che, secondo Freud, è la stessa cosa della coscienza dei filosofi e dell'opinione comune.

- l'esistenza dell'inconscio. Il termine indica, da un punto di vista descrittivo, ciò che è latente nella vita mentale; vale a dire tutti i

---

[8] Con questo termine si vuole indicare un'emozione violenta, spesso duratura o reiterata, le cui manifestazioni dimostrano difetto di autocontrollo, come può essere in alcuni casi dell'amore sessuale, in molte forme di odio, in alcune manifestazioni di cupidigia, nell'entusiasmo, ecc…

processi mentali la cui esistenza si deve ammettere, in quanto si
deduce in qualche modo dai loro effetti (e per quanto di essa non
si sia direttamente coscienti).

In altri termini si può dire che un processo mentale, per la psicoanalisi, è inconscio quando si deve riconoscere che esso è at-
tivo ad un dato momento, benché contestualmente nulla di esso
è conosciuto.

Vi sono due tipi di inconscio; entrambi "tali" (inconsci), da un
punto di vista descrittivo. Essi si differenziano sotto l'aspetto dinamico: il primo tipo è "incapace di entrare nella coscienza", il
secondo può facilmente essere rievocato ed è denominato "pre-
conscio". Di regola quando si parla di inconscio ci si riferisce
solo a quello del primo tipo.

-   L'esistenza della simbolizzazione. Il termine si riferisce al mec-
    canismo inconscio per cui un'idea, od una situazione, assumono
    una forma simbolica nel sogno, nei miti, nei motti di spirito, nei
    sintomi nevrotici venendo rappresentate da un determinato og-
    getto o comportamento. Un qualunque comportamento ha si-
    gnificati simbolici.

Attraverso il conscio, l'inconscio e la simbolizzazione, la Persona
in evoluzione può accedere alla conoscenza di sé e dei suoi bisogni, intesi come mancanze psicologiche da colmare, e promuo-
versi consapevolmente verso soluzioni soddisfacenti.
Le attività di seminario secondo il Metodo favoriscono questi
obiettivi.

Titolo 10

Elaborazione delle modalità di interazione autentica tra la persona
"grande" e la persona "piccola".

Abbiamo già ricordato che l'uomo è un essere sociale: Ha quindi necessità di trasmettere informazioni ad un individuo del gruppo (organismo) mediante simboli.

Questi possono essere espressi nella comunicazione interumana da comportamenti mimici, verbali, grafici, ecc...

La comunicazione, quindi facendo partecipi gli individui di pensieri, sentimenti, propositi, ecc... di altri, rende possibile i rapporti fra i membri componenti dei singoli gruppi e fra questi e quelli di altri gruppi. Viene così resa possibile la coesistenza umana.

Nella comunicazione la persona "grande" deve ricordarsi e tenere presente che per strutturarsi, così da essere accettata socialmente, ha dovuto difendersi dall'esterno (cercando di non essere sgradita agli altri, soprattutto alle persone delle quali sentiva di avere bisogno) e dall'interno (paure legate all'insicurezza del domani, quindi alla problematica della vita e della morte). Per tenere sotto controllo le tensioni quotidiane derivanti da situazioni problematiche di ogni genere la Persona deve, come ricordato, mettere in atto tutta una serie di meccanismi di difesa. La paura dell' incertezza del domani, attraverso questi meccanismi, si è attenuata; nel frattempo, però, la nostra emotività, così ben sotto controllo, ci è divenuta, col tempo sempre più sconosciuta.

Per questo motivo la persona grande non è più capace di entrare in contatto con il mondo emozionale della persona "piccola" (il discente), perché essa ha dovuto dimenticare (rimuovere) la propria esperienza emozionale come sorgente di ansia. Una persona a livello conscio, non ha più tracce delle sue parti bambine, e, quando un'altra persona, nel rapporto, gliele ripropone davanti, la tendenza immediata è di rifiutarle, coinvolgendo, nel rifiuto, la persona in comunicazione (ad es. l'alunno). Il metodo pedagogico proposto, partendo dal razionale, offre la possibilità di entrare nuovamente in contatto con la nostra parte emozionale (conscia ed inconscia), e consente, attraverso il lavoro svolto nel gruppo e dal gruppo, di entrare in contatto con la creatività.

La creatività[9] ha un'importanza essenziale nell'evoluzione socio-culturale dei popoli e non va confusa con la "modificazione" che, nella risoluzione dei più diversi problemi, non apporta un contributo di innovazione.

Accrescerla e renderla sempre più operante e produttiva è obiettivo di primaria importanza e di massimo interesse della Persona.

Rimuovere le inibizioni che la ostacolano è tra i compiti auspicabili di ogni istituzione.

Titolo 11

Il significato della "reciprocità" nella comunicazione interpersonale.

Il processo di riconoscimento dell'altro, da parte dell'Io di ciascuno, quale interlocutore significativo, è importante e primario, all'interno della comunicazione interpersonale, per "comprendersi" nella reciprocità. Nel rapporto "adulto"- "bambino" non sempre c'è un atteggiamento di reciprocità:

vale a dire un considerare da parte degli "adulti" che anche i "bambini" hanno la loro "verità" da proporre e che anche loro, i "bambini", possono insegnarci qualcosa.

Spesso noi "grandi" ci creiamo un "ruolo" di superiorità.

Dove per "superiorità" si intende quel sentimento "di essere al di sopra" degli altri da parte dei più, fondato a volte su elementi reali, a volte sulla presunzione (che può riguardare merito, intelligenza, capacità diverse, nobiltà ecc. .), e per "ruolo" si definisce il comportamento, in varia misura predeterminato, che un individuo ha rispetto agli altri membri di un gruppo.

Al riguardo va rilevato che nei gruppi rigidi e formali i ruoli dei membri sono in massima parte predeterminati, mentre nei gruppi informali non

---

[9] Con questo termine si intende la capacità di risolvere problemi con soluzioni originali. Implica il superamento o la critica di soluzioni precedenti e si applica generalmente all'espressione artistica e letteraria.

prevalgono relazioni interpersonali predeterminate e la struttura del gruppo dipende soprattutto dalle caratteristiche individuali dei membri. Nel caso del gruppo-classe, poi, il discorso assume significato particolare per le implicanze pedagogiche che esso comporta.

È infatti nel contesto scolastico che la reciprocità può essere vissuta e trasmessa come qualità costitutiva dell'essere Persona.

Titolo 12

Presa di coscienza della componente aggressiva dell'Io della Persona e sua importanza nella dimensione personale ed interpersonale.

Con il termine aggressività si definisce la tendenza, comune nel mondo animale, ad aggredire, nell'attacco e nel contrattacco; essa è opposta alla tendenza alla fuga o ad una relativa inerzia. Gli impulsi aggressivi sono specifici di quasi tutte le specie animali e sono presenti nell'uomo. Essi vanno studiati nelle loro manifestazioni intraspecifiche ed interspecifiche.

Lo studioso K. Lorenz denomina "aggressione" l'istinto di combattimento, proprio degli animali e dell' uomo, allorché esso è diretto contro membri della stessa specie. Al concetto di aggressività si riconducono comunque:

a) l'aggressione interspecifica, che ne definisce la manifestazione negli animali predatori. Essa è legata al bisogno fisiologico della nutrizione, e quindi riveste per molte specie un'importanza fondamentale per la sopravvivenza;

b) l'aggressione intraspecifica, che definisce, di solito, un comportamento di lotta fra individui della stessa specie. Essa si dimostra largamente, in condizioni naturali, nel mondo animale.

L'aggressione intraspecifica ha una fondamentale importanza nella vita sociale dell'uomo, assumendo le forme più pericolosamente distintive nei conflitti armati.

Va tenuto presente che le manifestazioni di aggressività sono di norma legate a particolari situazioni. Infatti, di regola, l'aggressività si manifesta, sia in forma intraspecifica che interspecifica, nei limiti di definiti obiettivi e non come attività indiscriminata.

Nella delimitazione della portata dell'azione aggressiva, indotta da questi obiettivi, svolgono un ruolo importante le emozioni e le motivazioni personali. Inoltre la capacità di svolgere una attività aggressiva è di importanza essenziale per la sopravvivenza di quasi tutte le specie animali e dell'uomo. Le tendenze aggressive, in condizioni patologiche dell'organismo e in situazioni anormali dell'ambiente possono divenire indiscriminate ed eccessive.

Ed il termine aggressività acquista, in questo caso, l'ulteriore significato di atteggiamento aggressivo persistente o divenuto abituale. Nell'uomo la mancanza, come fatto primario, di aggressività ed in genere un'insufficiente capacità di difesa, fuoriesce dalla normalità.

Le tendenze aggressive, specifiche della specie umana, si traducono in comportamenti aggressivi per azione di determinanti ambientali.

Ad esempio, nella frustrazione per obiettivi mancati, come una "promozione" o simile. In questo caso i processi di apprendimento (che si svolgono in parte per identificazione, in parte in seguito ad insegnamenti più o meno sistematici, individuali o collettivi), non sempre sono esplicitamente portati.

D'altra parte insegnamenti morali e religiosi favoriscono inibizioni superiori che impediscono o tentano di contenere in giusti limiti, e soprattutto quelli della propria difesa, le attitudini aggressive. L'aggressività si può anche manifestare in situazioni di ambivalenza, per la coesistenza di tendenze affettuose. Il bambino contrariato nei suoi desideri cerca di aggredire con le unghie e, a volte, con i morsi, la madre. Anche nei rapporti sessuali possono affiorare le duplici tendenze.

Va ricordato, a questo riguardo, che il verbo latino "adgredior" ha un significato duplice, sia di avvicinamento con intenzioni benevole, sia di avvicinamento con intenzioni ostili. Lo studio delle tendenze aggressive ha un posto preminente nella psicoanalisi e in altre psicologie dinamiche. Esse vengono generalmente considerate come tendenze distruttive, antitetiche a quelle sessuali. In queste discipline si parla di:

a) <u>Aggressività reattiva</u>. È quella che viene suscitata da frustrazioni[10] ed ha, come scopo, l'eliminazione delle "cause".

Secondo alcuni autori ogni atto di aggressione è conseguenza di uno stato di frustrazione; ed ogni frustrazione porta a qualche atto di aggressione. Secondo la psicoanalisi questo tipo di aggressività si distinguerebbe da quella originaria, di carattere istintivo, connessa con gli impulsi sessuali.

b) <u>Aggressività spostata</u>. È la tendenza, nell'individuo frustrato, a reazioni aggressive o distruttive contro persone od oggetti diversi da quelli verso i quali l'aggressività era originariamente avvertita e diretta. Ciò accade quando la sorgente della frustrazione (ostacolo al bisogno) non può essere attaccata o rimossa senza notevole pericolo o danno.

Titolo 13

L'aggressività costruttiva

Nel caso della Persona l'aggressività (così come definita) può essere, oltreché rivolta ad agire un comportamento secondo le direzioni dell'istinto naturale, finalizzata ad un recupero o riequilibrio di situazioni culturali, come valore, all'interno dei rapporti interpersonali. All'interno infatti di un rapporto tra persone può verificarsi, ad

---

[10] Frustrazione. Indica la condizione di sofferenza che insorge nell'individuo allorché uno o più bisogni (stimoli) non trovano soddisfazione (risposta adeguata). In psicologia clinica, con questo termine, si indica l'effetto di un evento o di una condizione più o meno duratura che ostacola o impedisce il soddisfacimento di bisogni, o desideri, senza eliminarli. La condizione frustrante (ostacolo, barriera) può mettere in contatto con sentimenti di aggressività.

esempio, che l'una soffra una condizione di impotenza ad agire un comportamento per una serie concomitante di circostanze.

Decidere - da parte della Persona sofferente ed in frustrazione - di agire un comportamento aggressivo, contro una delle cause che l'inchiodano alla paralisi della situazione, significa attuare una aggressività costruttiva. La misura del significato costruttivo da dare all'aggressività come valore positivo può essere fornita dal progetto portato da ciascuno nel suo più profondo Sé: Progetto inteso come realizzazione della propria Persona all'interno e nella storia della sua vita.

Aggredire gli ostacoli, che si frappongono e fanno violenza alla realizzazione di questo Progetto, è una forma di aggressività sana e costruttiva. Il soggetto la percepisce come valore ogni volta che sente:

a. nella dimensione fisica una forzatura intollerabile, patita dal corpo in evoluzione, che deve essere rimossa;

b. nella dimensione psichica un attentato agli equilibri - anche nevrotici - che proteggono I'Io nelle sue difese;

c. nella dimensione esistenziale ogni volta che il proprio Progetto personale, culturalmente legittimato dall'Io Persona, viene in vario modo aggredito e offeso.

Titolo 14

L'aggressività distruttiva

L'aggressività distruttiva qualifica, nel caso della Persona, la manifestazione di comportamenti di risposta aggressiva che vanno oltre la difesa del proprio Progetto personale.

Secondo l'Antropologia Personalistica si danno nella Persona, sul piano reale, due possibilità di scelta in risposta all'aggressione subita:

a) una risposta aggressiva che contiene ed annulla (o tende ad annullare) la sorgente individuata quale creatrice dello stimolo percepito come aggressivo nel rapporto interpersonale e nell'ambiente;

b) la risposta che va oltre il comportamento descritto in a) e che, nella libertà, decide di perseguire la soddisfazione di una punizione - da godere sul piano esistenziale - della Persona o cosa individuata e ritenuta come la causa dello stimolo destabilizzante l'Io.

La scelta della posizione b) colloca la Persona dentro un Progetto distruttivo che colpirà in due direzioni:

1) impedisce - al soggetto che ha operato questa scelta - di entrare in contatto con il Progetto del proprio Sé personale, con conseguenti risultati negativi per la propria Persona;

2) comporta azioni distruttive rivolte verso l'esteriorità intesa come il proprio corpo (droga, suicidio, anoressia) oppure rivolte verso l'esterno inteso come ambiente fisico (vandalismo, lite con aggressione fisica).

Titolo 15

La capacità della persona di orientare l'aggressività in senso costruttivo

L'elaborazione dell'aggressività consente al docente di entrare in contatto con l'aggressività degli allievi.
Ai momenti di aggressività collettiva (classe irrequieta, indicazioni del docente disattese ecc...) cui si può rispondere in libertà di scelta:

- reprimendo la situazione di disturbo, forti del potere posseduto,

- o cercando di capire perché la situazione si è determinata,

il docente può opporre la capacità di decifrare il "messaggio" comportato dalla situazione problematica.

Fatto lo spazio necessario (quello possibile) alle componenti razionali, emotive e creative che ne sottendono il contenuto, il docente è nella condizione di vantaggio di chi sa e può accettare la manifestazione dell'aggressività, nei suoi aspetti, per orientarla, fornendo pedagogicamente i riferimenti verso la direzione costruttiva.

La direzione, cioè, che vede - come confronto ideale di riferimento - esistere e fatte esistere, almeno nelle dichiarazioni di principio, le progettualità individuali e corali entrate in sofferenza dentro ciascuno.

Per elaborare allora l'aggressività che si manifesta è importante, da parte del docente, proporsi di verificare se gli atteggiamenti di aggressività visti "fuori", cioè agiti dagli altri, non lo facciano entrare in situazione emotiva difficilmente sopportabile e frustrante.

Conoscere il proprio vissuto emozionale (accanto al razionale) fa sì che il docente possa permettere ai discenti, ad es. nel caso dell'aggressività, di entrare in contatto con questo sentimento (ricordando che è socialmente ritenuto negativo e che quindi può esporre al giudizio degli altri) per "riconoscerlo", oltreché "agirlo", e poi meglio controllarlo, indirizzandone il potenziale verso la dimensione creativa; la quale può avvantaggiarsi delle opportune "prese di coscienza".

Titolo 16

L'interlocutore aggressivo: capacità del discente di orientare l'aggressività in senso costruttivo

Di solito il bambino (molto istintivo all'inizio, poi inibito dalla "cultura") tende a mostrare la sua aggressività.

Le manifestazioni dell'aggressività "agitano" i genitori che attivano comportamenti repressivi. Ricordiamo, in proposito, che l'aggressività viene socialmente considerata negativa e ciascuno, piccolo o grande, più o meno, teme il giudizio degli altri e teme soprattutto di venire isolato ed emarginato, Se però, al contrario, impariamo ad attribuire all'aggressività il significato di "segnale" di situazioni frustranti che il bambino sta subendo, diventa possibile raccogliere questo segnale "sano" di aiuto ed intervenire in "soccorso" con le opportune modalità e valutazioni di opportunità.

Nel merito della questione va ricordato che la reazione del bambino, come quella dell'adulto, può essere spropositata.

Ma si può però capire come l'aggressività di un bambino, anche se distruttiva sarà per l'adulto una aggressività di piccola portata, e quindi ben dominabile, se dentro l'adulto l'aggressività, ancorché forte, sconosciuta e minacciosa, viene coscientizzata e non più rimossa.

Un bambino che si sente amato e compreso, anziché sgridato e colpevolizzato nei suoi processi naturali, diviene più capace di "entrare in contatto" nel rapporto interpersonale, e può essere aiutato a capire la differenza che c'è tra la forma dell'aggressività costruttiva e quella dell'aggressività distruttiva.

Se il bambino si sente amato e compreso diviene capace di scegliere di amarsi, anziché rifiutarsi, e di scegliere forme di aggressività costruttiva anziché distruttiva.

Titolo 17

Elaborazione dei conflitti consci che ostacolano la comunicazione tra la persona docente e la persona discente.

La problematica posta dal Titolo ci suggerisce di prendere in considerazione ed approfondire ogni possibile elemento tra quelli che sono patrimonio dell'esperienza conflittuale vissuta a scuola, tanto dalla parte docente come dalla parte discente.

La proposta è quella di porre accanto alla conoscenza delle realtà ambientali, che condizionano la dimensione del rapporto interpersonale a livello cosciente, alcune acquisizioni ritenute utili per favorire un processo di comprensione e poi di evoluzione positiva delle situazioni conflittuali "tipo".

È sufficiente al riguardo tenere conto di tutti i Titoli precedenti, per potere convenire sulle seguenti considerazioni:

a. non ci può essere elaborazione positiva (in senso risolutivo) del conflitto, se non si scende dalla parte razionale conscia - che ispira tutte le migliori analisi e "consigli" del caso - alla parte emozionale inconscia. Il mondo emozionale, ponendosi come costitutivo della Persona coinvolta nella comunicazione e quindi costitutivo - in qualità di elemento - dei messaggi che intercorrono nella comunicazione stessa, incide decisamente e lavora "sotto" e "dentro" la situazione conflittuale.

b. soltanto l'intuizione, forte di un recupero delle funzioni creative della fantasia e dell'immaginazione, può consentire di rapportarsi alla totalità della Persona e quindi di leggere, attraverso i messaggi che le persone in conflitto si mandano, il significato simbolico necessario a fare comprensione di tutte le verità, anche quelle nascoste che agitano il conflitto, ed a farne composizione e conciliazione. Ad esempio "il rapporto disturbato con il bambino intelligente" - ma che non studia abbastanza potrebbe essere messo in connessione con l'Ideale di perfezione[11] che esiste dentro ciascuno.

Oppure esso potrebbe essere fatto derivare dal mancato piacere che si prova, invece, di fronte ad un alunno preparato che dà al docente la soddisfazione circa la propria capacità di insegnamento

c. Entrambe le parti in conflitto vanno "recuperate" attraverso l'acquisizione, da un lato, delle adeguate capacità d'insegnamento (la formazione dei formatori) e delle adeguate modalità pedagogiche

---

[11] Ideale dell'Io (Ideale di perfezione). È una locuzione psicoanalitica con cui generalmente si intende il modello di personalità che l'individuo considera ideale e che si sforza di raggiungere.
Il termine indica spesso la spinta (o lo stimolo) a richiedere a se stessi o ad altri un rendimento di più alto livello rispetto a quello che le circostanze consentirebbero.

(la trasmissione del sapere), dall'altro di una migliore capacità di "comunicazione" tra le persone in relazione.

È bene ricordare che spesso il discente, con il suo comportamento, vuol esprimere un disagio e si aspetta di essere capito.
In una situazione che diventa problematica solo il dialogo autentico può portare alla luce il disagio sofferto ed avviarlo a soluzione.

Titolo 18

Elaborazione e superamento dei conflitti che ostacolano la relazione interpersonale

La constatazione che nei conflitti in generale agiscono sia una parte razionale, sia una parte emozionale - le quali, essendo confuse, tengono bloccata la dimensione creativa - si può dare per acquisita.
La elaborazione di queste parti, favorita dal Metodo in esame, può consentire ai soggetti, coinvolti in un rapporto conflittuale, di realizzare una comunicazione capace di ridurne la portata, attraverso modalità più autentiche di azione del comportamento verbale e non.

Il mondo emozionale che agisce indisturbato, perché rimosso, all'interno della componente razionale della comunicazione, può essere portato alla luce.
Con esso possono essere coscientizzate quell'insieme di energie definite "emozioni", massima causa di problematicità e conflittualità nella relazione interpersonale.
La possibilità di isolare la rivalità, il risentimento, l'invidia, per citarne solo alcune, consente alla Persona, che vive quelle emozioni, di riconoscerle ed assumersele senza paura, con la conseguente acquisizione, per la stessa Persona, di una evoluzione naturale del proprio sentire. In ragione di questo "sentire" una diversa libertà e una diversa scelta di

valori, resa possibile, può orientare il comportamento nella comunicazione verso mete più coerenti in autenticità.

Allora il bisogno di essere superiori (o soppiantare l'avversario nel raggiungimento di una meta), vissuto con ansia e senso di colpa, può lasciare lo spazio ad un confronto più libero e aperto, dove tutte le persone in comunicazione cessino di avere paura l'una dell'altra; il risentimento per la presunzione di aver subito un "giudizio non meritato" può fare spazio ad una verifica autentica delle "logiche" di pensiero "diverse", per costruire un pensiero di valore comune che metta al riparo dal rischio dell'equivocità e dell'ambiguità; Il desiderio frustrato per ciò che non si è potuto raggiungere e che con fastidio coglie e percepisce la soddisfazione dell'altro (che quella meta ha raggiunto e possiede), può fare spazio, anziché al disagio negativo e perturbante che ne consegue, alla disponibilità autentica di realizzare, "insieme" con l'altro, l'aiuto possibile per conseguire la stessa meta.

Titolo 19

La capacità dell'insegnante di promuovere lo sviluppo della persona come equilibrio tra il fisico, lo psichico, l'esistenziale.

La realtà del contesto "pedagogico", proprio di ogni attività didattica, vede la Persona del docente costantemente coinvolta in rapporti interpersonali e relazioni umane che chiedono implicitamente ed esplicitamente (la "condotta") di andare "oltre" il compito istituzionale.

Accanto, infatti, ai contenuti razionali, propri di ogni ora di lezione, corrono contenuti emozionali ed energie creative di tutte le persone che interagiscono e che, se non aiutate a prodursi in "armonia", possono vanificare il profitto e l'obiettivo stesso dell'Istituzione che, non a caso, si propone di formare persone "mature".

Il compito istituzionale - come sopra accennato - può essere facile se il bambino è "dotato" e l'insegnante sente nei suoi confronti simpatia ed altri sentimenti di accettazione.

È più complicato quando il bambino ha dei bisogni che l'insegnante non può capire ed anzi le "richieste" ed i "messaggi" del discente pongono il docente in situazioni di rifiuto.

Di fronte a questi aspetti - significativi di situazioni problematiche più generali e complesse - il Metodo elaborato può dare una risposta:

a) in termini didattici, proponendo uno "spazio" di formazione permanente dei formatori (insegnanti, genitori);

b) in termini terapeutici, realizzando "contestualmente" (nello stesso "spazio") la prevenzione e la cura del disagio esistenziale della Persona.

L'obiettivo è quello di dotare la Persona docente di quelle chiavi di lettura capaci di migliorare, prima in sé e poi nella Persona del discente, l'equilibrio tra il fisico, lo psichico, l'esistenziale.

Dentro ciascuno, nessuno escluso, componenti poco conosciute, come l'emotività e la creatività, possono comportare: l'una, delle sofferenze, l'altra, delle difficoltà, a proporsi nel processo della comunicazione all'interno dei rapporti interpersonali.

È compito di ciascuno, in ogni situazione problematica, favorire dentro di sé, e anche negli altri, la capacità di "vederla": "conosciuta" e "analizzata" prima, e poi, se possibile, risolta.

Bibliografia essenziale

G. Ammon - Psicosomatica - Borla

L. Binswanger - Il caso di Ellen West - Bompiani

A. Dalla Volta - Dizionario di Psicologia - Giunti-Barbera

F. Deutsch - Il misterioso salto dalla mente al corpo - G. Martinelli

A. Freud - L'Io e i meccanismi di difesa - Martinelli

S. Freud - L'interpretazione dei sogni - Boringhieri

S. Freud - il tramonto del complesso edipico.
      Volume decimo delle opere Boringhieri

S. Freud - Tre saggi sulla teoria sessuale - Boringhieri
S. Freud - Il motto di spirito ed altri scritti - Boringhieri
S. Freud - Studi sull' isteria e altri scritti
Volume primo delle opere Boringhieri
A. Mercurio - Amore e Persona - Bulzoni
A. Mercurio - Teoria della Persona - Bulzoni
A. Mercurio - Amore libertà e colpa - Bulzoni
M. Klein - Scritti (1921 - 1958) - Boringhieri

Capitolo Settimo

DOCUMENTI

Lettera I.R.R.S.A.E. di comunicazione promozionale del Corso

Prot. n. 3678

L'Aquila 4.06.'92
Ai Direttori didattici della regione Abruzzo
Loro Sedi
Ai Presidi della Scuola Media di 1° grado
Loro Sedi
e p.c. Al Sovrintendente Scolastico Interregionale
L'Aquila
Ai Sig.ri Provveditorati agli Studi della regione
Loro Sedi
Ai Sig.ri Membri del Consiglio Direttivo
Loro Sedi
All'Ufficio di Ragioneria
Sede

Oggetto: PPA/NPSE 1992.

Corso di aggiornamento regionale - residenziale avente per tema:
"La sperimentazione del nuovo metodo pedagogico (didattico-tera-peutico) elaborato dal CE.P.A. diretto dal dott. Claudio DI NICOLA che si ispira ai valori della Pedagogia Sophianalitica".

PERIODO: 1 / 5 luglio 1992

SEDE: Grand Hotel Adriatico di Montesilvano (PE)

DESTINATARI: personale direttivo della scuola elementare e della scuola media di 1° grado.

Si porta a conoscenza della SV. che questo Istituto, nell'ambito del PPA/ NPSE, organizzerà un corso di aggiornamento regionale residenziale della durata di cinque giorni per complessive 40 ore con le tematiche di cui all'oggetto.

Si prevede come strumento di lavoro la costituzione dei partecipanti in un gruppo definito "Seminario esperienziale sui processi della comunicazione".

Detto corso sarà riservato ai Direttori didattici della regione e ad una rappresentanza di Presidi della scuola media di 1° grado.

Pertanto la S.V. è invitata a far pervenire a questo Ufficio la propria adesione improrogabilmente entro e non oltre il 20 giugno c.a. inviando l'allegato "1" debitamente compilato.

IL PRESIDENTE (Prof. Antonio VERINI)

Programma

L'attività di sperimentazione prevede come modalità di lavoro la costituzione dei partecipanti in un gruppo definito "seminario esperienziale sui processi della comunicazione interpersonale". Tale attività seminariale prevede la contestuale costituzione dei relatori (in un numero di 2 per ogni momento dì lavoro) quale parte attrice di una comunicazione espositiva (le relazioni) incentrata sulla identificazione delle componenti costitutive della persona in "comunicazione" all'interno del rapporto interpersonale.

Del rapporto interpersonale viene operata una "lettura" per quanto concerne le posizioni dialettiche e dialogiche dei partecipanti.

Nella circostanza particolare del corso tutto il gruppo di lavoro, co-relatori inclusi, viene supervisionato da due conduttori deputati alla osservazione costante (controllo) ed alla lettura finale delle attività svolte (relazione conclusiva).

L'argomento di lavoro viene scelto dai partecipanti secondo metodologia che sarà descritta ed illustrata in apertura del corso.

A tal fine è prevista, quale supporto didattico, una dispensa in dotazione dei partecipanti.

Le comunicazioni espositive (relazioni) prevedono (nell'arco di tempo dell'intera attività in programma) il riferimento ai seguenti titoli teorici:

- La Pedagogia Sophianalitica secondo la definizione teorico-concettuale del CE.P.A. - S.U.R.

- Il Metodo pedagogico (didattico-terapeutico) del dott. Claudio Di Nicola.

- La dimensione fisica e la dimensione psichica della persona.

- La dimensione esistenziale della persona.

- Evoluzione psicologica dell'uomo. Importanza della componente razionale e della componente emotiva.

- Il comportamento come risultante della componente conscia ed inconscia.

- La problematicità della relazione interpersonale.

- Il disagio esistenziale.

- Il gruppo come oggetto di studio e soggetto di esperienza per ciascuno.

- Componenti costitutive della comunicazione interpersonale nei loro aspetti.

- Modalità di elaborazione dei meccanismi che sottendono le dinamiche nel gruppo classe.

- La conoscenza di sé come presupposto di crescita della propria autenticità

- Elaborazione delle modalità di interazione autentica tra la persona "grande" e la persona "piccola".

- Il significato della "reciprocità" nella comunicazione interpersonale.

- Presa di coscienza della componente aggressiva dell'Io della Persona e sua importanza nella dimensione personale ed interpersonale.

- L'aggressività costruttiva.

- L'aggressività distruttiva.

- La capacità del docente di orientare l'aggressività in senso costruttivo.

- La capacità del discente di orientare l'aggressività in senso costruttivo.

- Elaborazione dei conflitti consci che ostacolano la comunicazione tra la persona docente e la persona discente.

- Elaborazione e superamento dei conflitti che ostacolano la comunicazione interpersonale.

- La capacità dell'insegnante di promuovere lo sviluppo della persona come equilibrio tra il fisico, lo psichico, l'esistenziale.

Mercoledì 01. 07 .92

Ore 9.00 - 9.30 Apertura del corso

Prof. Antonio Verini

Presidente I.R.R.S.A.E. d'Abruzzo

Ore 9.30 - 10.30 - Presentazione dell'attività seminariale.

Dr. Claudio Di Nicola e Prof.ssa Giulia Irrera - Direttori del Dipartimento di Pedagogia Sophianalitica Del CE.P.A. - S.U.R.

Ore 10.30 - 13.30 Attività seminariale

Ore 16.00 - 20.00 Attività seminariale

Giovedì 02. 07. 92

Ore 9.00 - 13.00 Attività seminariale

Ore 16.00 - 20.00 Attività seminariale

Venerdì 03. 07. 92

Ore 9.00 - 13.00 Attività seminariale

Ore 16.00 - 20.00 Attività seminariale

Sabato 04. 07. 92

Ore 9.00 - 13.00 Attività seminariale

Ore 16.00 - 20.00 Attività seminariale

Domenica 05. 07. 92

Ore 9.00 - 11.00 Attività seminariale

Ore 11.00 – 13.00 Attività seminariale

Riflessioni conclusive unitarie con i relatori (dott. Di Nicola, prof.ssa Irrera Giulia), supervisori (dr. D'Archivio Dante e dr. Del Galdo Giovanni) e Presidente I.R.R.S.A.E. prof. Antonio Verini

Ore 16.00 - 20.00 Attività seminariale Comunicazioni espositive conclusive

IL PRESIDENTE

(Prof. Antonio Verini)

Pro-memoria

Per la migliore produttività dell'attività seminariale si chiede ai partecipanti di tenere conto delle seguenti indicazioni:

a) Viene suggerito a tutti i corsisti di fare riferimento all'ora di inizio lavori con margine (se possibile) di 5 - 10 minuti "prima", per poter iniziare le attività previste con rispetto dell'orario e dei partecipanti.

b) L'eventuale corsista in ritardo può prendere la parola - secondo il "compito" - a cominciare dalla "parte" successiva a quella che lo vede presente (es. dalla 3a Parte se è entrato in ritardo durante la 2a Parte). Il ritardo, non arrecando disturbo ai lavori in corso, è senz'altro ammesso.

c) È preferibile - in caso di necessità - assentarsi, se possibile, nei momenti di passaggio tra una parte e l'altra di lavoro. Al reingresso è necessario attenersi al punto b).

d) È molto importante, nel corso dei lavori, attenersi al "compito" previsto in ciascuna fase e di volta in volta ricordato dai trainers dell'équipe. Eventuali nuove esigenze di chiarimento - nuove, quindi non risolte, nelle fasi di avvio del corso - sono rinviate a colloqui a parte in chiusura dei lavori del giorno. Ogni membro dell'équipe sarà a disposizione per questo fine anche nelle pause ed in altri momenti opportuni concordati

II PARTE

Presentazione

La presente pubblicazione raccoglie alcuni contributi e strumenti di lavoro, da me elaborati negli ultimi venticinque anni, quale risposta all'esigenza di trovare soluzioni, per la Formazione della Persona, alla mancanza - ovunque nelle Istituzioni - di una Educazione delle Emozioni e dei Sentimenti, quale argomento di insegnamento almeno equivalente alla Educazione Fisica invece ben presente come materia nelle Scuole.

Ho impostato in questi anni dunque, a livello metodologico, la strutturazione di un insegnamento incentrato sulla comunicazione, sull'emotività e sui sentimenti sperimentati nelle relazioni interpersonali ed il modo o Metodo da seguire od a cui ispirarsi per realizzare tutto questo a livello pedagogico.

Raccolgo qui il frutto di queste ricerche e sperimentazioni così come al presente viene promosso e proposto nell'esercizio della mia attività professionale e portato alla attenzione delle realtà interessate:
le Istituzioni e tutte le persone a qualunque livello di status e ruolo.

Ed ecco allora in successione:

Il Manifesto che precisa la Mission

La Brochure di presentazione del Corso sulla comunicazione interpersonale, con programma articolato in tre parti:
la prima costitutiva di un corso "di base" (20 ore), la seconda e la terza costitutive di un corso "avanzato" (60 ore).

Gli elaborati corrispondenti ai moduli didattici - punti di articolazione del programma del corso.

La Dispensa "tipo" per il Corsista

Le Slides di supporto ed illustrazione per le Conferenze "tipo"- di illustrazione e presentazione dei corsi - e per l'alfabetizzazione necessaria per realizzarne l'esperienza, tanto per l'istruttore come per il corsista.

Il documento "storico" di riflessioni introduttive e di giustificazione del Nuovo Metodo Pedagogico presentato al Collegio Docenti dell'Istituto d'Arte "Bernardino di Betto" di Perugia per una prima sperimentazione (2003).

Lo schema di lezione secondo questo mio Metodo Pedagogico elaborato in termini riassuntivi e presentato per la prima volta nella stessa circostanza.

L'obiettivo è quello di consegnare alla Storia questo "cammino di realizzazione".

E così, in questo modo, cioè con la presente pubblicazione, come amavo dire e scrivere in tante circostanze o passaggi evolutivi di questa mia lunga esperienza professionale:

"L'Avventura continua !"

Claudio Di Nicola

Manifesto

L'Educazione delle Emozioni e dei Sentimenti.

Un Nuovo Metodo Pedagogico.

L'Insegnamento della Comunicazione

La propria persona è il primo strumento di comunicazione di cui ciascuno dispone.

Le tre componenti della persona: razionale - corporea - emozionale debbono essere conosciute e gestite bene in comune armonica integrazione affinché questo strumento (la persona) sia gestito in maniera ottimale. In realtà siamo educati a gestire il livello razionale e corporeo, non siamo preparati allo stesso modo per quanto concerne gli stati emozionali.

Eppure emozioni e sentimenti rappresentano una componente della persona che incide significativamente nei rapporti umani (sentimentali per definizione), caratterizzando e qualificando modalità e stili personali dei comportamenti e delle comunicazioni.

La componente emozionale e dei sentimenti - se non adeguatamente educata – comporta una limitazione nell'uso della persona quale strumento di comunicazione ed interferisce ed attenta costantemente gli obiettivi della comunicazione stessa inficiandone la produttività (il buon esito atteso).

Se un comune telefono cellulare (strumento di comunicazione) emette un suono noi lo sappiamo riconoscere e premiamo i tasti giusti per: rispondere ad una chiamata, leggere un messaggio, ricordare un appuntamento, ricaricare la batteria.

La stessa cosa non sappiamo fare per la nostra persona quando ci "risuona dentro" un'emozione od un sentimento: normalmente "subiamo" ….. ed "improvvisiamo … le risposte"

Al presente sappiamo rispondere alla domanda "che pensiero ho" (cosa sto pensando) e "come sto fisicamente". Non sappiamo fare la stessa cosa, con la stessa facilità, per quanto concerne le emozioni ed i sentimenti. Mancano le parole per definirci a questo livello, abbiamo difficoltà di parole nel rispondere alla domanda…."che emozione… che sentimento sto provando".

Di conseguenza la comunicazione agita dalla persona – in difetto di conoscenza della componente emotivo-sentimentale, e per di più in presenza di interferenze sul piano razionale (scena muta all'esame.. provvisoria paralisi della funzione mentale..) e sul piano corporeo (reazioni fisiologiche varie) … viene a porsi come … "problematica per definizione".

Ovunque si incontrano due persone o più si sommano le problematicità individuali. Se ne può dedurre che ogni situazione di relazione tra più persone è una situazione "problematica" dal punto di vista della comunicazione interpersonale, problematica… "per definizione".

I riflessi di tutto questo sul piano della vita sentimentale della persona sono intuibili.

C'è tuttavia un modo per operare una soluzione del problema.

La proposta è quella di un percorso didattico, qui riportato, capace di realizzare:

"L'insegnamento della Comunicazione" e contestualmente "l' Educazione delle Emozioni e dei sentimenti" con l'apprendimento, per ogni persona, della gestione ottimale di se stessa quale strumento di comunicazione e con il fine di ridurre la conflittualità e soddisfare ogni progettualità personale.

Ulteriori riflessioni

La persona - quale strumento di comunicazione - difetta della conoscenza rappresentata dalla componente emozionale pure costitutiva della persona stessa.

Tale carenza è comportata dal fatto che nei vari contesti istituzionali della formazione – dalle scuole dell'obbligo alle scuole di specializzazione professionale – non esiste un insegnamento ed una educazione vera e propria delle emozioni e dei sentimenti.
Il risultato è che là dove è facile gestire la componente corporea nelle varie attività quotidiane e là dove è facile per la mente espletare le varie funzioni razionali, resta l'handicap – per tutta la persona – della dimensione emozionale, dove non si è capaci di identificare e gestire, con la stessa facilità, un'ansia, un imbarazzo, una rabbia, una antipatia o un rifiuto ed il conseguente aumento di stress.

È intuibile l'importanza per la persona di un agire libero e non condizionato rispetto al contesto emozionale e sentimentale registrato ogni volta nel rapporto con l'altro.
Molto spesso viene pagato un prezzo in termini di confusione, difficoltà, insoddisfazione, quando nella normale vita quotidiana di relazione l'assalto istintuale-emozionale si fa provocatorio e ci trova impreparati a sostenerlo.

Una metodologia ad hoc consente di conoscere e fotografare il proprio mondo emozionale ogni volta reattivo alle situazioni di ambiente – fatto di persone e di cose – e consente altresì di scandagliare tutto ciò che l'immaginario connesso e l'istintuale connesso minacciano ai danni dell' Io della persona, per farne vantaggio di conoscenza e libertà di scelta dei vari comportamenti da agire nella comunicazione: non in termini di "reazione", come sempre accade, ma in termini di iniziativa libera, capace e responsabile perché opportunamente educata.
La persona cioè può diventare capace di gestire meglio le reazioni dettate dalle emozioni e sentimenti nelle varie situazioni di comunicazione

interpersonale e non sperimenta più, con sorpresa, gli stati emozionali, ma agisce comportamenti arricchiti di nuova consapevolezza e funzionali ai buoni propositi ed alle buone intenzioni della comunicazione.

L'intervento formativo proposto realizza un recupero su tutto questo in termini di identificazione, conoscenza e gestione ottimale della componente emozionale della persona all'interno del rapporto interpersonale. L'emotivo non viene più subito, ma efficacemente integrato ed espresso all'interno della comunicazione con l'interlocutore di turno con vantaggio dell'intera relazione in essere.
Per ciascuno è possibile acquisire una capacità di lettura del proprio mondo emozionale ed i dati di questa lettura possono essere integrati nel bagaglio di conoscenze della propria persona ed essere resi funzionali – anziché di impedimento – nelle comunicazioni interpersonali e nelle relazioni sentimentali.

In conclusione

Tutto quanto esposto può essere approfondito all'interno di un corso di formazione.
Questa formazione consente di correggere ogni volta - al bisogno - il proprio stile personale di comunicazione e di "aggiustarlo" nella situazione interpersonale di relazione.

Il corso rappresenta l'equivalente:

- di un corso di base di inglese

- di un corso di base di informatica.

Centro Europeo Psicologia Applicata

Scuola di Comunicazione

PROGRAMMA DI FORMAZIONE:

LA COMUNICAZIONE INTERPERSONALE

Premessa

La propria persona è il "primo" e più immediato mezzo di comunicazione di cui ciascuno dispone....

... con tutta la persona ci relazioniamo in pubblico e in privato

... agiamo decisioni che in ogni momento perseguono obiettivi personali di valore:

Il successo dell'azione... Il profitto del lavoro... Il progetto di vita

di conseguenza:

**CHI PERFEZIONA LA CONOSCENZA
DELLA PROPRIA PERSONA
PUÒ GESTIRE LA COMUNICAZIONE
CON SUCCESSO PERSONALE E PROFESSIONALE**

A proposito di "COMUNICAZIONE"

La propria persona è il primo strumento di comunicazione di cui ciascuno dispone.

Le tre componenti della persona: **razionale – corporea – emozionale** debbono essere conosciute e gestite bene in comune armonica integrazione affinché questo strumento (**la persona**) sia gestito in maniera ottimale. In realtà siamo educati a gestire il livello razionale e corporeo, non siamo preparati allo stesso modo per quanto concerne gli stati emozionali.

Eppure emozioni e sentimenti rappresentano **una componente** della persona che incide significativamente nei rapporti umani, caratterizzando e qualificando modalità e stili personali dei comportamenti e delle comunicazioni.

La **componente emozionale e dei sentimenti** – se non adeguatamente educata – comporta una limitazione nell'uso della persona quale strumento di comunicazione ed interferisce ed attenta costantemente gli obiettivi della comunicazione stessa inficiandone la produttività (il buon esito atteso).

Se un comune telefono cellulare (strumento di comunicazione) emette un suono noi lo sappiamo riconoscere e premiamo i tasti giusti per: rispondere ad una chiamata, leggere un messaggio, ricordare un appuntamento, ricaricare la batteria.
La stessa cosa non sappiamo fare per la nostra persona quando ci **"risuona dentro"** un'emozione od un sentimento: normalmente **"subiamo"** ed **"improvvisiamo ... le risposte"**

Al presente sappiamo rispondere alla domanda **"che pensiero ho "** (cosa sto pensando) e **"come sto fisicamente"**. Non sappiamo fare la stessa cosa, con la stessa facilità, per quanto concerne le emozioni ed i sentimenti. Mancano le parole per definirci a questo livello, abbiamo difficoltà di parole nel rispondere alla domanda...

"che emozione…che sentimento sto provando".

Di conseguenza **la comunicazione** agita dalla persona - in difetto di conoscenza della componente emotivo-sentimentale, e per di più in presenza di interferenze sul piano razionale (scena muta all'esame.. provvisoria paralisi della funzione mentale..) e sul piano corporeo (reazioni fisiologiche varie**..) viene a porsi come …**

"problematica per definizione".

Ovunque si incontrano due persone o più si sommano le problematicità individuali. Se ne può dedurre che ogni situazione di relazione tra più persone è una situazione problematica dal punto di vista della comunicazione interpersonale, problematica… **"per definizione".**

La presente **PROPOSTA DI FORMAZIONE** è stata elaborata per operare una soluzione del problema. Essa propone un percorso didattico fondato su una metodologia nuova capace di colmare le lacune teoriche e pratiche di formazione della persona. Attraverso precisi passaggi metodologici viene strutturato un nuovo insegnamento:

"L'insegnamento della Comunicazione"

inteso come apprendimento, per ogni persona, della gestione ottimale di sé stessa quale strumento di comunicazione.

Obiettivo è l'Eccellenza di capacità nei rapporti umani con il fine di ridurre conflittualità e soddisfare progettualità personale e produttività aziendale.

La persona - quale strumento di comunicazione - difetta della conoscenza rappresentata dalla componente emozionale pure costitutiva della persona stessa.

Tale carenza è comportata dal fatto che nei vari contesti istituzionali della formazione - dalle scuole dell'obbligo alle scuole di specializzazione professionale - non esiste un insegnamento ed una educazione vera e propria delle emozioni e dei sentimenti.

Il risultato è che là dove è facile gestire la componente corporea nelle varie operazioni di servizio e là dove è facile per la mente espletare le varie funzioni razionali, resta l'handicap - per tutta la persona - della dimensione emozionale, dove non si è capaci di identificare e gestire, con la stessa facilità, un'ansia, un imbarazzo, una rabbia, una antipatia o un rifiuto ed il conseguente aumento di stress.

È intuibile l'importanza per la persona di un agire libero e non condizionato rispetto al contesto emozionale e sentimentale registrato ogni volta nel rapporto con l'altro.

Molto spesso viene pagato un prezzo in termini di confusione, difficoltà, insoddisfazione, quando nella normale vita quotidiana di relazione l'assalto istintuale-emozionale si fa provocatorio e trova impreparazione a sostenerlo.

Una metodologia ad hoc consente di conoscere e fotografare il proprio mondo emozionale ogni volta reattivo alle situazioni di ambiente - fatta di persone e di cose - e consente altresì di scandagliare tutto ciò che l'immaginario connesso e l'istintuale connesso minacciano ai danni della persona per farne vantaggio di conoscenza e libertà di scelta dei vari comportamenti da agire nella comunicazione: non in termini di "reazione", come sempre accade, ma in termini di iniziativa libera, capace e responsabile perché opportunamente educata.

La persona cioè diventa capace di gestire le reazioni dettate dalle emozioni e sentimenti nelle varie situazioni di comunicazione interpersonale e non sperimenta più, con sorpresa, gli stati emozionali ma agisce comportamenti arricchiti di nuova consapevolezza e funzionali agli obiettivi di ruolo della persona stessa.

L'intervento formativo proposto realizza un recupero su tutto questo in termini di identificazione, conoscenza e gestione ottimale della componente emozionale della persona all'interno del rapporto interpersonale. L'emotivo non viene più subito, ma efficacemente integrato ed espresso all'interno della comunicazione con l'interlocutore di turno con vantaggio dell'intera relazione in essere.

Il corsista acquisisce una capacità di lettura del proprio mondo emozionale ed i dati di questa lettura vengono integrati nel bagaglio di conoscenze di sé (e dello specifico professionale della persona) e resi funzionali - anziché di impedimento - nelle comunicazioni interpersonali e nelle relazioni d'ambiente con obiettivi la produttività ed il profitto personale e di impresa.

Il Corso realizza una formazione che consente di correggere ogni volta - al bisogno - il proprio stile personale di comunicazione e di aggiustarlo (circa l'argomento in essere) nella situazione interpersonale di relazione.

Steps operativi del progetto

"LA COMUNICAZIONE INTERPERSONALE"

- **Analisi dei bisogni e definizione degli obiettivi**
  (con la direzione aziendale)

- **Formazione in metodologia della comunicazione**
  (alfabetizzazione per tutto il personale)

- **Formazione del personale per aree specifiche di settore**
  (elaborazione di problematiche standard)

- **Tempi di lavoro**
  Sono previsti incontri con cadenza settimanale - della durata di
  3 (tre) ore ciascuno - per gruppi di persone non eccedenti le
  10/12 unità

- **Arco di tempo di realizzazione**

7 mesi:

27 giornate di formazione con cadenza settimanale
(dieci settimane per il corso di base) che consentono di impostare e
verificare un processo di formazione permanente finalizzata a coniu-
gare produttività e profitto della persona e dell'azienda

Programma

Prima parte: Corso di Base

ALFABETIZZAZIONE

Totale di 20 ore in 7 incontri

- Argomenti:

- Principi teorici dell'educazione alle emozioni:

  Il nuovo metodo pedagogico del Dr. Claudio Di Nicola

- Approccio alle problematiche relazionali - Metodologia e schemi.

- Gli stati emozionali della persona: loro interferenze nei rapporti interpersonali.

- La persona strumento di comunicazione - le componenti: corporea, emozionale, mentale.

- Il mondo immaginario della persona: esperienza e conoscenza.

  Metodologia.

- Il mondo emozionale della persona: esperienza e conoscenza.

  Metodologia.

- L'intuizione creativa: esperienza e conoscenza. Metodologia.

- Modi e stili personali di comunicazione.

- Definizione e descrizione standard di una situazione problematica.

- Acquisizione - approfondimento - sistemazione di dati di conoscenza.

- Disegno e lettura del mondo immaginario ed emozionale.

- Rielaborazione ed integrazione dei contenuti.

- Schemi metodologici riassuntivi.

Seconda parte: Corso Avanzato

Totale di 30 ore in 10 incontri

- Moduli Didattici:[12]

1. La dimensione fisica e la dimensione psichica della persona.

2. La dimensione esistenziale della persona

3. Evoluzione psicologica dell'uomo
   Importanza della componente razionale e della componente emotiva.

4. Il comportamento come risultante della componente conscia ed inconscia.

5. La problematicità della relazione interpersonale ed il disagio esistenziale.

6. Il gruppo di lavoro e di incontro come oggetto di studio e soggetto di esperienza per ciascuno.

7. Componenti costitutive della comunicazione interpersonale.

8. Modalità di elaborazione dei meccanismi che sottendono le dinamiche nei gruppi di lavoro.

9. La conoscenza di sé come presupposto di crescita della propria autenticità nella comunicazione.

10. Elaborazioni delle modalità di interazione autentica tra persone quale presupposto di produttività e profitto.

---

[12] Per questi moduli didattici, i contenuti di riferimento sono gli stessi riportati nella prima parte del presente volume pag. 137

Terza parte: Corso Avanzato

APPROFONDIMENTI ED ELABORAZIONI
DI SITUAZIONI PROBLEMATICHE STANDARD

Totale di 30 ore in 10 incontri

- Moduli Didattici:[13]

11. Il significato della "reciprocità" nella comunicazione interpersonale.

12. Presa di coscienza della componente aggressiva dell'Io della persona e sua importanza nella dimensione personale ed interpersonale.

13. L'aggressività costruttiva.

14. L'aggressività distruttiva

15. La capacità della persona di orientare la propria aggressività in senso costruttivo.

16. L'interlocutore aggressivo.

17. Elaborazione dei conflitti consci che ostacolano la comunicazione tra persone

18. Elaborazione e superamento della conflittualità in generale.

19. La capacità di ciascuno di promuovere lo sviluppo della persona come equilibrio tra il fisico, lo psichico e l'esistenziale.

- Argomento:

Gestione e controllo delle situazioni problematiche. Know-how riassuntivo.

---

[13] Per questi moduli didattici, i contenuti di riferimento sono gli stessi riportati nella prima parte del presente volume pag. 137

Attività di formazione

L'attività di formazione prevede:

- l'interattività con la platea
- l'alternarsi di lezioni magistrali con momenti di lavoro seminariale.
- l'utilizzo di supporti informatici
- la consegna di dispense per ogni modulo didattico
- l'attestato di partecipazione

TIMING DEL PROGETTO PER GRUPPO DI LAVORO

Mese	1°	2°	3°	4°	5°	6°	7°
Incontri	3	4	4	4	4	4	4
Ore	8	12	12	12	12	12	12

27 giornate di formazione nell'arco di 7 mesi con cadenza settimanale
I primi 3 incontri possono concentrarsi in un'unica giornata di 8 ore

Dott. Claudio Di Nicola
Scuola di Comunicazione

Acqualoreto di Baschi – Tr
nickynicola@hotmail.it

ScuoladiComunicazione

CORSO di FORMAZIONE

DISPENSA

Metodologia della Comunicazione interpersonale Secondo il

Metodo pedagogico

Dott. Claudio Di Nicola

Premessa

La propria persona è il primo strumento di comunicazione di cui ciascuno dispone.

Emozioni e sentimenti sono componenti della persona che incidono significativamente nei rapporti umani, caratterizzando e qualificando le modalità dei comportamenti. Queste componenti - riconducibili al concetto di "mondo delle emozioni e dei sentimenti" - vanno conosciute ed insegnate.

Nel panorama delle iniziative che in generale hanno per oggetto la realizzazione di attività di formazione, poche di esse tengono conto del fatto che, qualunque sia il contesto istituzionale in cui queste iniziative si propongono (Scuola, Famiglia, Sanità, Assistenza Sociale ecc…. ovvero mondo del lavoro e Terziario in generale), vanno tenuti prioritariamente presenti ed opportunamente considerati i "rapporti interpersonali" che, sottendendo quelle attività, ne strutturano la realizzazione concreta.

Nei vari momenti sociali, infatti, nei quali si pongono in essere le situazioni di intervento "tipo", le persone che conducono l'esperienza - svolgano esse ruolo direttivo (ad esempio il docente di una lezione, il trainer di una esercitazione) oppure rivestano esse ruolo dipendente (ad esempio il partecipante discente di quella lezione o esercitazione) - possono realizzare il massimo della produttività e del profitto del tempo investito – e pertanto assunto come valore – a condizione che ci sia un'adeguata preparazione da parte di tutte le persone coinvolte nel sapersi "porre" dentro il "rapporto interpersonale" con capacità di gestire la "propria" persona - quale strumento di comunicazione - soprattutto per quanto attiene le emozioni ed i sentimenti.

È cosa acquisita che in qualunque gruppo di lavoro la qualità delle relazioni interpersonali tra i membri incide significativamente sull'obiettivo che le attività di lavoro hanno per fine.

L'educazione delle emozioni e dei sentimenti (educazione psichica o psicologica o psico-affettiva) ha la stessa importanza dell'educazione fisica, quale materia di insegnamento nelle scuole.

Il metodo

Breve Storia

L'attuale procedura metodologica rappresenta l'evoluzione ed il progressivo aggiustamento di alcune modalità e stili personali di conduzione dei gruppi agiti da Claudio Di Nicola - da solo o supportato da équipe – all'interno di seminari esperienziali (residenziali e non) della durata media di 3 ore ciascuno.

Nell'arco degli anni, dall'81 al '90, all'interno delle attività di gruppo, condotte secondo la Metodologia Sophianalitica[14] di formazione individuale, l'esperienza e le riflessioni su di essa hanno consentito una critica costruttiva che vedeva nel taglio psicoterapeutico un limite da superare.

L'esigenza avvertita era sempre più quella di favorire una comunicazione interpersonale che fosse capace di centrare la realtà della persona e del suo disagio esistenziale, consentendo in modo agile e didatticamente valido l'acquisizione di quelle conoscenze che spesso si vedevano fallite nelle normali sedute di gruppo, le quali non consentivano il recupero delle dinamiche, sofferte dal singolo, riconducendole sotto il controllo razionale dell'Io Persona.

Si veniva così contestualmente avvertendo il bisogno di passare da un discorso terapeutico ad un discorso didattico che mantenesse sì le "prese di coscienza" ed i relativi "insights" a proficuo vantaggio terapeutico della persona ma che favorisse contemporaneamente, in modo sistematico, quelle conoscenze della persona stessa, circa il proprio modo di rapportarsi all'ambiente, presupposto irrinunciabile per ogni consapevolezza di sé.

---

[14] Il termine sophianalitico sta ad indicare il particolare riferimento teorico concettuale in ragione del quale l'Io Persona, oggetto di studio e soggetto di esperienza per ciascuno, viene assunto come "principio realizzatore" di una integrazione di componenti che sono: l'Io corporeo, l'Io psichico, l'Io spirituale ed il Sé secondo l'Antropologia Esistenziale Personalistica di A. Mercurio.

Ecco allora, spostandosi l'attenzione, come accennato, dall'obiettivo terapeutico all'obiettivo pedagogico, il graduale emergere dell'esigenza di "ordinare" i momenti di lavoro al fine di rendere più produttivo il lavoro stesso.

E poiché era sulla "comunicazione" che si accentravano i maggiori problemi, l'esigenza di dare ordine alle comunicazioni ha comportato tutto uno studio sperimentale teso ad indagarne le modalità di azione ed a "ricercare" le componenti costitutive della Persona coinvolta nell'azione "comunicativa".

Nel 1990, nel corso di n.10 seminari tenuti presso l'Asilo Nido della città di Avezzano, di fronte alle maestre ed ai genitori dei bambini colà ospitati, all'interno di un incontro di lavoro, s'impose con forte evidenza al conduttore (Claudio Di Nicola) il bisogno di controllare due obiettivi. Il primo: consentire a ciascun partecipante la libertà di portare tutti i contenuti del proprio intervento dal punto di vista logico razionale.

Il secondo: consentire a ciascuno di poterlo fare senza "arrampicarsi" dinamicamente gli uni sugli altri e su se stessi in ragione delle spinte emotive.

Bisognava "disciplinare" con una regola concordata, facile da rispettare, e fare in modo che si sostituisse alla confusione ed al principio del piacere un ordine educato al principio della realtà. La realtà era che in ogni posizione personale, comunicata sotto l'urgenza o la resistenza del proprio sentire dinamico, circa l'argomento in essere, confluivano confusamente una somma di: pensieri, emozioni, intuizioni, in un impasto tra fantasia e realtà.

L'intuizione del conduttore fu quella di proporre contributi separati da parte di ciascuno che, come esperimento, vedessero "precedere" i contenuti propri della descrizione della realtà, razionalmente osservabile, poi quelli del mondo emozionale che si agitava sotto quei contenuti, infine quelli comportati dall'attingere alle risorse della fantasia, dell'immaginazione, del desiderio, del sogno fino all'intuizione.

I successivi incontri furono assorbiti dal lavoro sperimentale di separazione delle attività in "fasi di lavoro" che la realtà, in sede di incontro stesso, chiedeva fossero sempre meglio delimitate ed articolate. Il metodo aveva già quasi assunto la forma attuale.

Nello stesso anno 1990 il Metodo veniva ufficiosamente proposto dal Provveditorato agli Studi dell'Aquila all'interno di due Corsi di "Educazione alla Salute e Prevenzione del Disagio Esistenziale" rivolti a docenti referenti delle Scuole Materne ed Elementari, l'uno, a docenti referenti delle Secondarie di 1° e 2° grado, l'altro.
I riscontri di soddisfazione da parte del corpo docente, registrati tramite questionario dall'ufficio Studi del Provveditorato, consentono nel corso dell'anno seguente (ottobre, novembre, dicembre 1991) la riproposizione di Corsi di aggiornamento da parte del Provveditorato agli Studi che vengono tenuti in Avezzano (referenti delle Materne, Elementari, Secondarie 1° e 2° grado) e Sulmona (idem).
Entrambi i Corsi di aggiornamento recano nell'intestazione: "Formazione in Pedagogia Sophianalitica con obiettivo l'educazione alla salute e prevenzione del disagio esistenziale, secondo il metodo didattico-terapeutico del Dott. C. Di Nicola".
Questi eventi segnavano una prima ufficializzazione del Metodo, che vedrà il suo riconoscimento definitivo ad opera dell'I.R.R.S.A.E. d'Abruzzo per il tramite di un Corso regionale residenziale dal titolo: "La sperimentazione del nuovo Metodo pedagogico (didattico-terapeutico) elaborato dal Dott. C. Di Nicola" (1992).
Nel 1996 la Presidenza del Consiglio dei Ministri promuoveva in tutte le scuole medie inferiori della Città di Avezzano attività di "prevenzione droga" basata sulla "nuova metodologia".

Nell'anno 2000, infine, i Decreti del Ministro della Pubblica Istruzione (14. 12. '99 e 28. 09. 2000) che autorizzano il C.E.P.A. a svolgere, presso la propria sede, corsi residenziali di formazione ed aggiornamento in "metodologia della comunicazione interpersonale" per docenti e capi di istituto delle scuole di ogni ordine e grado del territorio nazionale.

Nell'anno 2003 il collegio docenti dell'Istituto d'arte "Bernardino Di Betto" di Perugia (preside la dott.ssa Annarita Benedetti) deliberava per alcune prime classi dell'istituto e per alcune materie l'insegnamento secondo il Metodo.

Descrizione Prassi operativa

Il Metodo prevede la formazione di un gruppo di lavoro composto di un numero di persone variabile fino ad un massimo di 12 unità.

Nel corso del seminario "tipo", della durata di 3 ore, ciascun partecipante ha libertà di proporre una situazione problematica personale (costitutiva del proprio disagio esistenziale in vissuti di comunicazione interpersonale) da assumere come "tipo" o "standard" per l'esercitazione seminariale.

I conduttori del gruppo (normalmente due, con preparazione psicodinamica ed esperti del Metodo) coordinano l'assunzione dei "casi" da trattare e ne amministrano nel tempo la gestione.

Le attività di lavoro, per ogni singolo caso, si articolano in 2 parti:

Prima parte – DESCRIZIONE DELLA SITUAZIONE PROBLEMATICA

a) Acquisizione di dati conoscitivi di natura logico-razionale (1a fase)

La persona scelta per esporre la situazione problematica, descrive la stessa ai presenti, in tutti gli aspetti che ritiene di comunicare, e riassume il contenuto della sua esperienza quale descrizione della sua posizione personale.

Gli altri partecipanti pongono domande e consentono, attraverso le risposte, un approfondimento della conoscenza del caso in tutti i suoi aspetti razionalmente descrivibili e riferibili .

In questa prima fase i conduttori sono impegnati ad isolare, sottolineandola, la componente razionale della "comunicazione" che è sempre "carica", negli interventi dei partecipanti, delle emozioni, stimolate dal "caso" in esame, di colui che interviene.

I conduttori sono contestualmente impegnati a favorire, nei partecipanti, la riproposizione delle modalità di comunicazione - modificate alla luce delle prese di coscienza di volta in volta acquisite - con cui la componente emozionale della persona entra nella comunicazione e ne condiziona la produttività relativa agli obiettivi razionali. (Correzione degli stili personali di comunicazione).

b) Acquisizione di dati conoscitivi provenienti dal mondo dell'immaginario - creativo (2a fase)

I corsisti vengono invitati a produrre i frutti del proprio mondo immaginario - stimolato dalla situazione problematica presa in esame - per il tramite di disegni quali dati di "arricchimento descrittivo" per la intuibile logica incidenza dell'immaginario nella problematica reale.

I conduttori disciplinano e coordinano gli interventi proseguendo il lavoro di verifica degli stili personali di comunicazione propri dei corsisti.

c) Acquisizione dei dati conoscitivi del mondo emozionale (3a fase)

Il soggetto che sta esponendo il "caso" viene invitato dai conduttori ad entrare in contatto con tutto quanto di emotivo la situazione problematica rappresentata gli comporta.

Analogamente gli altri partecipanti vengono invitati, subito dopo, a comunicare le loro emozioni personali relative agli stimoli ricevuti.

Un apposito schema metodologico (vedi SLIDES di presentazione pag. 244 - 245) accoglie i contributi e consente di visualizzare una fotografia della "cassa di risonanza" comportata dagli stati emozionali indotti dalla progressiva acquisizione di conoscenza descrittiva del caso in esame. Gli stati emozionali raccolti vengono distribuiti secondo apposite categorie (sensazioni, reazioni psichiche - emozioni, sentimenti).

I conduttori aiutano i corsisti a far prendere coscienza di come la tendenza generale è di razionalizzare l'emotivo attraverso la scelta di termini che, a rigor di logica, non identificano "emozioni" bensì "concetti razionali" che quelle "coprono".

Seconda parte - ELABORAZIONE DELLA SITUAZIONE PROBLEMATICA

a. Acquisizione di capacità di analisi ed interpretazione dei dati raccolti (4a fase)

Il soggetto relatore del caso e tutti gli altri partecipanti, in successione libera, vengono invitati dai conduttori a prendere atto che alla situazione problematica, fin qui vissuta nella descrizione dei dati di conoscenza, può essere data una spiegazione secondo un intelligente lavoro di analisi da parte di ciascuno - lavoro di riflessione sui dati raccolti - volto alla identificazione ed alla produzione di chiavi di lettura delle cause della problematicità.

b. Acquisizione di capacità di produzione dell'intuizione creativa (5a fase)

I conduttori invitano tutti i partecipanti a fare ricorso alle loro doti di fantasia, immaginazione, desiderio, sogno, intuizione, ed a suggerire proposte operative di cambiamento - per una trasformazione positiva della situazione problematica - fondate su un intelligente lavoro personale di recupero delle proprie risorse di creatività.

Alla fine di questo lavoro i conduttori comunicano quelle loro intuizioni che essi ritengono più capaci di integrare le "prese di coscienza" e le conclusioni dei partecipanti.

L'obiettivo è quello di consentire l'acquisizione di una chiave di lettura della situazione problematica trattata, che favorisca, dentro ciascuno, una sintesi evolutiva del proprio atteggiamento pregiudiziale verso la stessa.

Nel complesso il confronto continuo e la "lettura" degli interventi operata dai conduttori nelle varie parti di lavoro fa sì che il gruppo tutto, realizzando una visione amplificata dei propri vissuti esperiti e riconosciuti, veda ciascuno dei partecipanti ricondursi "dentro" una consapevolezza, personalmente acquisita, di come il proprio modo di porsi, secondo l'educazione ricevuta, generava conflittualità e rendeva improduttivo il processo della comunicazione all'interno del "caso" "tipo" preso in esame.

Questa presa di coscienza e l'attivazione delle relative tecniche di riproduzione del proprio comportamento, da parte del singolo partecipante, è essenziale per la riappropriazione del proprio mondo emozionale e per la crescita della capacità di rapportarsi al mondo emozionale dell' "altro".
Tale acquisizione di capacità arricchisce il bagaglio esperienziale di ogni persona e pone, dentro ciascuno, le premesse costitutive per il superamento di situazioni problematiche in generale, in ragione di un nuovo potenziale di ritrovata creatività.

Obiettivi

Il "Metodo" realizza un'esperienza centrata sulla comunicazione che consente di conseguire, per i partecipanti, gli obiettivi di seguito riportati.

- Consapevolezza che la comunicazione, comunemente portata da un soggetto verso l'altro all'interno del rapporto interpersonale, è solo in apparenza riducibile alla logica razionale del dialogo. Nella realtà tutto il comportamento della Persona viene coinvolto nel messaggio (gestuale, verbale, ecc..).

- Il messaggio stesso, in particolare, giunge all'altro "carico" di contenuti emotivi che, nella globalità, esprimono e rappresentano il disagio esistenziale della Persona.

- Tale disagio viene "percepito" dall'altro (e non sempre) a livello conscio.

- Acquisizione della conoscenza, attraverso l'opportuna identificazione, della componente emozionale della Persona che riacquista così, nella analisi delle componenti del suo mondo immaginario ed emotivo (sensazioni, emozioni, sentimenti), uno spazio di esistenza che normalmente non viene concesso, anzi è forzatamente represso, nei processi relazionali normalmente in essere.

- Consapevolezza che la comunicazione, nella quale ed alla quale siamo stati educati, genera normalmente situazioni psicodinamiche che favoriscono, nel dialogo, la confusione dei contenuti razionali ed una perdita di produttività (il "profitto" in ogni contesto istituzionale).

- Capacità, da parte di ogni soggetto, di tenere separate, avendole identificate nella distinzione, la componente razionale e la componente emozionale, con relativa acquisizione delle tecniche di "controllo" nella vita di relazione.

- Capacità di vivere i processi della comunicazione, nel rapporto interpersonale, quale reale momento di crescita della maturazione e della maturità dell'individuo, con rispetto della propria identità personale.

- Consapevolezza che è possibile realizzare una più autentica accettazione dell'altro, nel riconoscimento del mondo emozionale comune, dove ciascun "altro" è la rappresentazione "fuori" di un proprio aspetto (non sempre rimosso) della Persona "dentro".

- Capacità di identificazione, elaborazione e superamento della conflittualità intrapersonale ed interpersonale.

- Capacità di promuovere, nella reciprocità, una comunicazione creativa che favorisca il contatto, da parte di ciascuno, con la propria evoluzione dinamica, per poterla assumere nella libertà e gestire con responsabilità ed autenticità.

- Aumento progressivo della capacità di attingere alle risorse personali della fantasia, dell'immaginazione, del sogno, del desiderio, finalizzate all'intuizione creativa.

- Identificazione e superamento della rigidità dei propri schemi personali di comportamento che, sommandosi a quelli dell'altro, rendono problematica la comunicazione interpersonale.

- Capacità di affrontare le situazioni problematiche e di elaborarle, attraverso l'autenticità della comunicazione, secondo modalità ottimali di intervento.

- Consapevolezza che i processi di crescita, realizzati attraverso le esperienze formativo-integrative del Metodo, consentono di accrescere e potenziare la capacità della Persona, ad ogni età, di mantenersi integrata e di non cadere vittima di regressioni, di natura nevrotica, che aprono la via ad ogni tipo di disagio, fisico ed esistenziale.

Il Metodo, una volta acquisito nella persona, consente: da un lato, l'approfondimento automatico della conoscenza di una qualunque situazione problematica standard, attraverso precise modalità di lettura maturate quale momento didattico, dall'altro la capacità di gestire modalità di comunicazione complessivamente alternative a quelle normalmente in essere – con l'obiettivo miglioramento della comunicazione stessa -. Tali modalità alternative sono conseguenti alla capacità acquisita, nell'esperienza del "corso", di saper gestire mondo immaginario, emozioni e sentimenti della persona soprattutto quando essi vengono sperimentati come fonte di problematicità e conflittualità nel rapporto interpersonale.

La scuola di comunicazione

Introduzione

L'esigenza di fondare una Scuola di comunicazione nasce come bisogno di trovare una risposta al vuoto di attenzione che in generale esiste nell'Istituzione globalmente intesa ogni qual volta la stessa propone il discorso della formazione e/o aggiornamento e, strutturandone i contenuti razionali, trascura e non fa spazio alla componente emozionale ad essi connessa.

Nella Scuola – anche a livello universitario – nella Sanità, nell'Assistenza Sociale, nella Protezione Civile, nei contesti delle attività formative che interessano aziende pubbliche o private, ovunque si ponga un discorso di trasmissione del sapere, sia nell'aspetto tecnico operativo (metodologia) come nell'aspetto teorico e dei valori, il rapporto interpersonale, diretto o mediato da supporti didattici, non tiene conto degli stati emozionali sui quali poggiano le relazioni umane (la componente psicodinamica della comunicazione).

La persona in quanto tale, cioè, sia che ricopra il ruolo del docente, sia che ricopra quello del discente, non viene considerata nella totalità delle sue componenti (fisiche, emozionali e mentali) ma ridotta a pura capacità razionale.

Negli attuali ordinamenti che inquadrano i momenti pedagogici della formazione e/o aggiornamento non c'è spazio sufficientemente adeguato – accanto al dato razionale – per la conoscenza teorica e l'esperienza pratica che accolgano e facciano esistere il "mondo immaginario ed emozionale" della persona – rispettandolo – e la "creatività" della persona, prevedendone un contributo di partecipazione per l'evoluzione del sistema educativo.

La Scuola di Comunicazione del C.E.P.A. indica come fondamentale L'Educazione delle Emozioni e dei Sentimenti quale studio, conoscenza ed esperienza della componente psicodinamica delle persone che, all'interno del rapporto interpersonale, sottende ed informa l'atto dell'insegnamento (pedagogico).

La Scuola di Comunicazione del C.E.P.A. si propone di portare nelle Istituzioni l'attenzione a tale componente, chiamandola a svolgere un compito di primo piano ed integrativo di ogni formazione della persona - a qualunque livello di status o ruolo essa sia collocata - con l'obiettivo di rifondare L'Insegnamento in generale e l'Insegnamento della Comunicazione in particolare.

Definizione dei principi teorico-concettuali

È una Scuola che si propone di realizzare nelle Istituzioni in generale, ed in particolare negli Istituti scolastici, il recupero e la valorizzazione dell'esperienza, conoscenza e padronanza della componente emotiva della persona ad ogni età.
L'obiettivo è quello di reintegrare nella vita della persona – nel contesto di ogni atto pedagogico – la ricchezza derivante dal proprio mondo emozionale. Tale mondo emozionale viene spesso mortificato a causa di meccanismi di difesa psicologici i quali, se non ben conosciuti, si rivelano creatori di nevrosi e di disagio esistenziale.

L'acquisizione di precise chiavi di lettura del proprio mondo emotivo, conscio ed inconscio, consente alla persona, qualunque sia il suo grado di coinvolgimento nel sociale, di realizzare una crescita della propria persona e capacità di relazione meno segnata da disagio esistenziale.

La Scuola di Comunicazione del C.E.P.A. si avvale, nella sua produzione didattica, del nuovo Metodo pedagogico, elaborato dal Dott. Claudio Di Nicola, che fonda un nuovo modo di proporre la trasmissione del sapere.

Tale Metodo prevede una attività di lavoro di tipo seminariale. Essa viene svolta in un gruppo che è di ricerca, di identificazione e di promozione della produttività della comunicazione all'interno dei rapporti interpersonali.

Il gruppo-classe è denominato "gruppo di comunicazione" ed il lavoro che esso realizza si definisce "seminario esperienziale sui processi della comunicazione interpersonale".

L'espressione "seminario esperienziale sui processi della comunicazione" sta ad indicare sinteticamente un lavoro comune di approfondimento della conoscenza teorica delle "dinamiche psicologiche" relative ai rapporti interpersonali.
L'Espressione "seminario esperienziale sui processi della comunicazione" indica pure la ricerca e lo studio, attraverso l'esperienza pratica dell'incontro, dei limiti che il vissuto emotivo comporta ogni qual volta ci si pone nella realtà delle "coscienze a confronto".

L'INSEGNAMENTO DELLA COMUNICAZIONE

Slides di Presentazione

IN FAMIGLIA
A SCUOLA
NEI POSTI DI LAVORO
IN CHIESA...

OVUNQUE CI SONO RAPPORTI UMANI C'E'

COMUNICAZIONE

da solo
comunico con
me stesso

PENSO

VOCABOLARIO:

COMUNICAZIONE:
- ATTO DEL COMUNICARE
- MEZZO PER CUI SI COMUNICA
- LA COSA COMUNICATA

COMUNICARE:
- FAR SAPERE AD ALTRI
- RENDERE NOTO
- ESSERE IN RAPPORTO

E' ANCHE
- LEGGERE
- SCRIVERE
- PARLARE
- PENSARE

PAROLA
LINGUAGGIO
PENSIERO

AL CENTRO DELLE REALTÀ INDICATE C'E'...

LA PERSONA

SOGGETTO ATTORE DELLA

COMUNICAZIONE

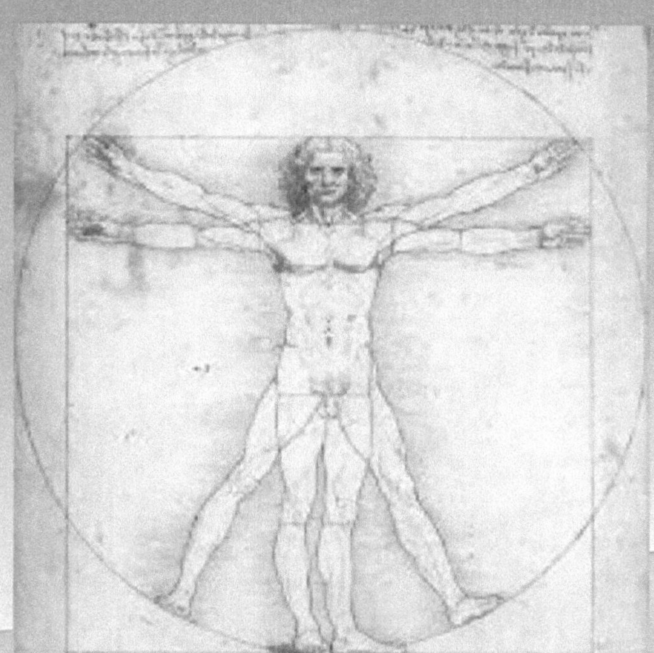

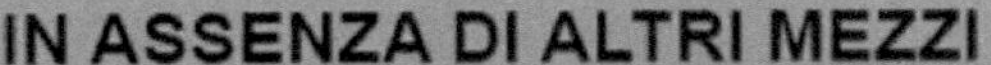

IN ASSENZA DI ALTRI MEZZI

FAX - TELEFONO - COMPUTER

LA PERSONA USA SE STESSA QUALE

STRUMENTO DI
COMUNICAZIONE

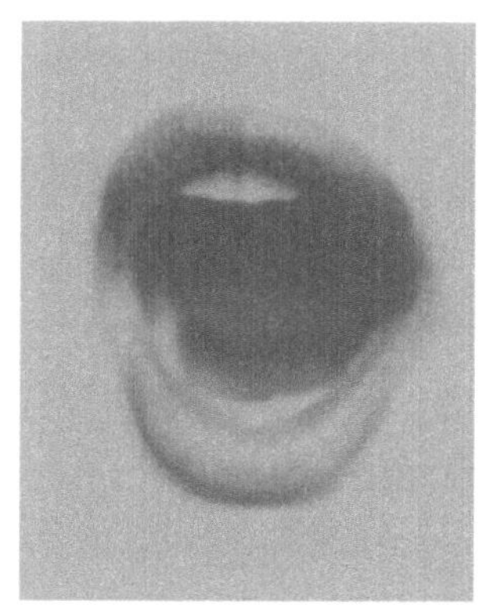

PAROLA

EMOZIONE

GESTUALITÀ

LO "STRUMENTO DI COMUNICAZIONE"
COINCIDE CON LA **PERSONA**

LA COMUNICAZIONE E' STRUMENTO DELLA PERSONA

LA PERSONA E' STRUMENTO DELLA COMUNICAZIONE

PERSONA
E
COMUNICAZIONE
COINCIDONO

**PER ADOPERARE BENE
UNO STRUMENTO DI COMUNICAZIONE
FAX, COMPUTER, TELEFONO,
DOBBIAMO CONOSCERNE LE COMPONENTI
E SAPERLE GESTIRE**

**SE SQUILLA IL CELLULARE
DEBBO SAPER INTERPRETARE IL SUONO
(SMS - VERBALE - BATTERIA - ALLARME)
E SAPER PREMERE IL TASTO GIUSTO**

PER UNA COMUNICAZIONE "RIUSCITA"
IL PRESUPPOSTO E':
CONOSCENZA DELLO STRUMENTO
- ISTRUZIONI -
CAPACITA' DI GESTIONE DELLE FUNZIONI

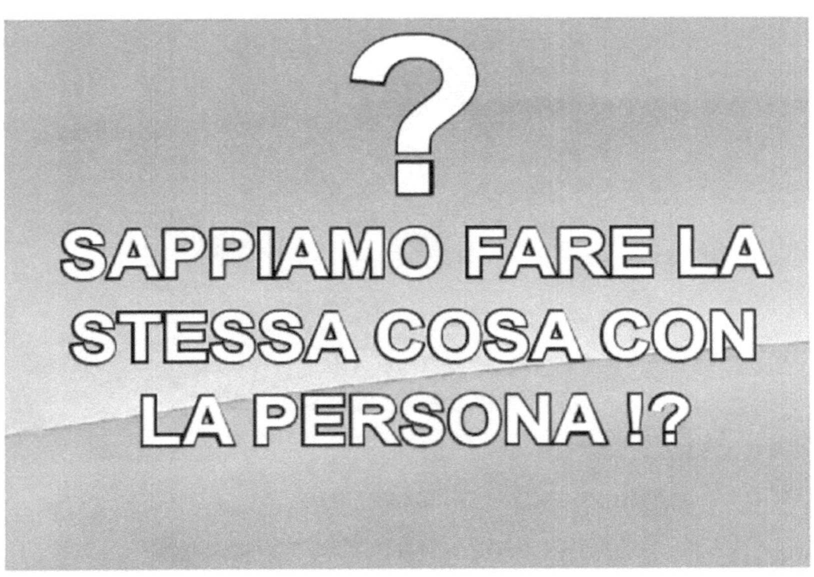

?
SAPPIAMO FARE LA
STESSA COSA CON
LA PERSONA !?

LE COMPONENTI DELLA PERSONA SONO:

• RAZIONALE
(conosco i miei pensieri ?)

• CORPOREA
(conosco il mio corpo ?)

• EMOZIONALE
(conosco le mie emozioni ?)

SAPPIAMO RISPONDERE ALLE DOMANDE:

• COSA STAI PENSANDO ?

• COME STAI FISICAMENTE ?

• CHE EMOZIONI PROVI ORA ?

QUANDO RISUONA

DENTRO DI ME

UN EMOZIONE

SO ANALOGAMENTE CHE

CON IL CELLULARE...

GESTIRE LO STRUMENTO

(LA PERSONA)

IN MODO EQUIVALENTE ?

L'ESPERIENZA CI DICE CHE
SUBIAMO LE EMOZIONI
NON LE SAPPIAMO RICONOSCERE,
SE NON CONFUSAMENTE...
(*"SONO TUTTO EMOZIONATO!"*)

REGISTRIAMO INTERFERENZE:
- **SUL PIANO RAZIONALE**
(ES. SCENA MUTA)

- **SUL PIANO CORPOREO**
(ES. TACHICARDIA - ROSSORE)

DIVENTA IMPORTANTE SAPER

RISPONDERE ALLA DOMANDA ....

QUALI EMOZIONI
STO PROVANDO ?

E SAPERCI FARE QUALCOSA !!!

ALLA DOMANDA

"CHE EMOZIONI PROVI ?"

TROPPO SPESSO RISPONDIAMO...

"...NIENTE !!!"

OPPURE DICIAMO:

- CURIOSITÀ
- INTERESSE
- PARTECIPAZIONE
- PERPLESSITÀ

MOLTO PIÙ RARAMENTE

(PER LA VERITÀ QUASI MAI CON PRONTEZZA)

SIAMO DISPOSTI A DIRE

" SONO TRISTE ... SONO CONTENTO "

• CURIOSITÀ
• INTERESSE
• PARTECIPAZIONE
• PERPLESSITÀ

SONO PAROLE CHE FACCIAMO
PASSARE COME ...
EMOZIONI
IN VERITÀ SONO ...

CONCETTI RAZIONALI

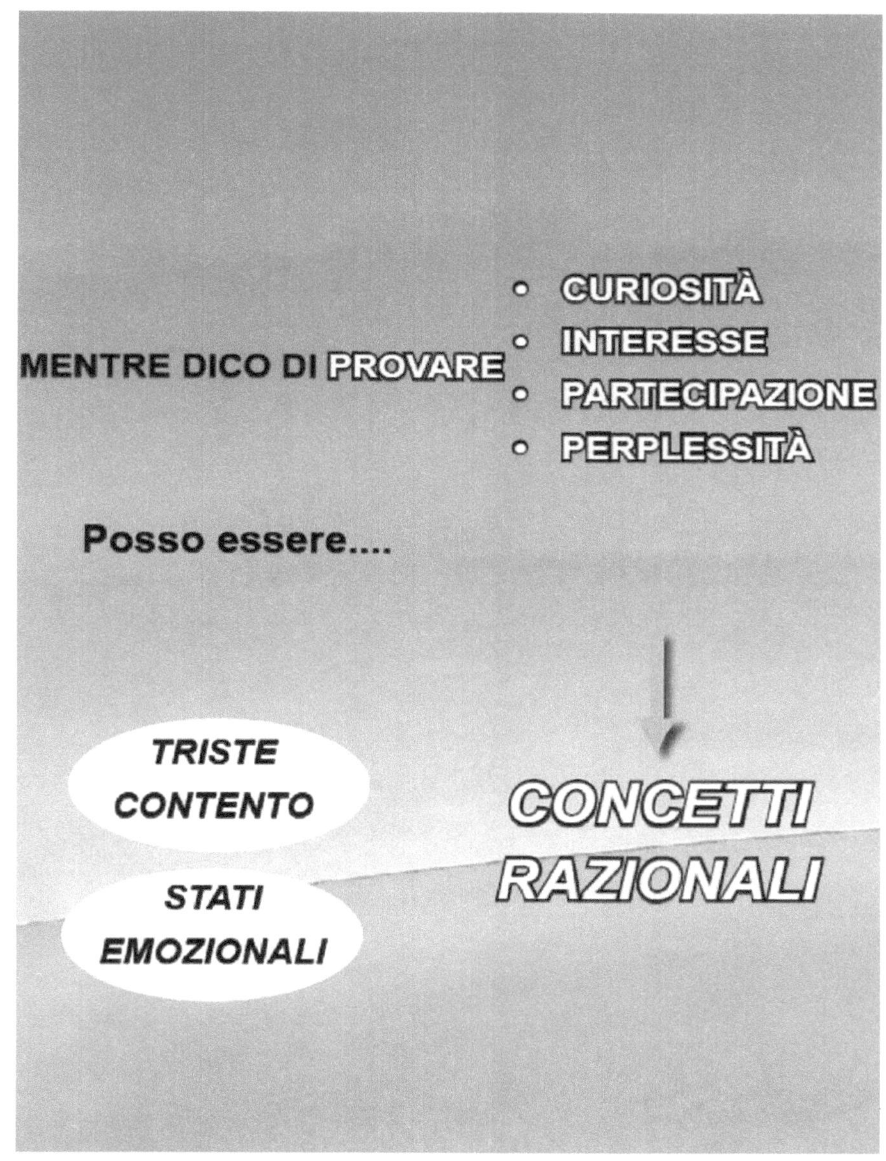
MENTRE DICO DI PROVARE
• CURIOSITÀ
• INTERESSE
• PARTECIPAZIONE
• PERPLESSITÀ

Posso essere....

TRISTE
CONTENTO

STATI
EMOZIONALI

CONCETTI
RAZIONALI

SENZA RENDERCENE CONTO

LA COMUNICAZIONE
LOGICO RAZIONALE

E' INTERFERITA ..... MINATA

NEI SUOI INTENTI ED OBIETTIVI RAZIONALI

(SPESSO NON CONSEGUITI)

DA EMOZIONI

CHE RESTANO NASCOSTE

ALL'INDAGINE RAZIONALE

QUESTE EMOZIONI
NON SONO CONOSCIUTE
PERCHÉ SIAMO STATI EDUCATI
A NON FARLE ESISTERE
FIN DA BAMBINI

AVVERTIAMO IL MONDO
EMOZIONALE COME
PERICOLO CHE ATTENTA AI
COMPITI RAZIONALI

COME CONSEGUENZA . . . .

MANCHIAMO DI
UN VOCABOLARIO
PRONTO O FACILE PER
NOMINARE ED IDENTIFICARE
LE NOSTRE EMOZIONI

SE DELLO STRUMENTO DI COMUNICAZIONE

CHE LA PERSONA E'

NON CONOSCO LA COMPONENTE

EMOZIONALE

L'USO DELLO ...

" STRUMENTO - PERSONA "

DIVENTA PROBLEMATICO

DI CONSEGUENZA

LA COMUNICAZIONE

DI CIASCUNO E'

PROBLEMATICA

" PER DEFINIZIONE "

LA COMUNICAZIONE

SI DEVE CONSIDERARE
UN APPRENDIMENTO CULTURALE:

ESSA VA INSEGNATA !

CONSIDERAZIONE GENERALE

LA CONOSCENZA CHE ABBIAMO DELLA

PERSONA COME STRUMENTO

DELLA COMUNICAZIONE

E' INSUFFICIENTE

E COMPORTA LA

PROBLEMATICITÀ

DELLA

COMUNICAZIONE

OVUNQUE C'E' UN
RAPPORTO DI COMUNICAZIONE
TRA DUE O PIÙ PERSONE
C'E'

UNA SITUAZIONE PROBLEMATICA
DI RELAZIONE

PERCHÉ

SI SOMMANO LE PROBLEMATICITÀ
DELLA COMUNICAZIONE
DI CIASCUNO

OBIETTIVI DEL CORSO

REALIZZARE UNA CONSAPEVOLEZZA
DEL BISOGNO DI

EDUCAZIONE
DELLE EMOZIONI E DEI SENTIMENTI

a fronte di :

TANTA ENCICLOPEDIA DEL SAPERE
(COMPONENTE RAZIONALE)

TANTE ORE DI EDUCAZIONE FISICA
(COMPONENTE CORPOREA)

ZERO ORE
DI EDUCAZIONE DELLE EMOZIONI E DEI SENTIMENTI
(COMPONENTE EMOZIONALE E SENTIMENTALE)

OBIETTIVI DEL CORSO

DOTARE LA PERSONA   (CORSISTA)
DI CONSAPEVOLEZZA E CAPACITA' DI
CONOSCENZA - IDENTIFICAZIONE
DELLA COMPONENTE
EMOZIONALE - SENTIMENTALE

DOTARE LA PERSONA DI CAPACITA'
DI GESTIONE DI SE STESSA
QUALE STRUMENTO DI COMUNICAZIONE

- FORMAZIONE CORRETTA
DEL PROPRIO STILE PERSONALE -

INTRODUZIONE AL METODO

DOVE SI NASCONDONO LE EMOZIONI ?

FOTOGRAFIAMO
GLI "STATI EMOZIONALI" DELLA PERSONA
PER MEZZO DI UNO SCHEMA
(O FOTO O LASTRA O MAPPA)
STRUTTURATO IN :

SENSAZIONI (PERCEZIONI SENSORIALI)

REAZIONI PSICHICHE (EMOZIONI)

SENTIMENTI
(ELABORAZIONE DA PARTE DELLA MENTE
DEL "SENTIRE") SENTIRE - MENTALE

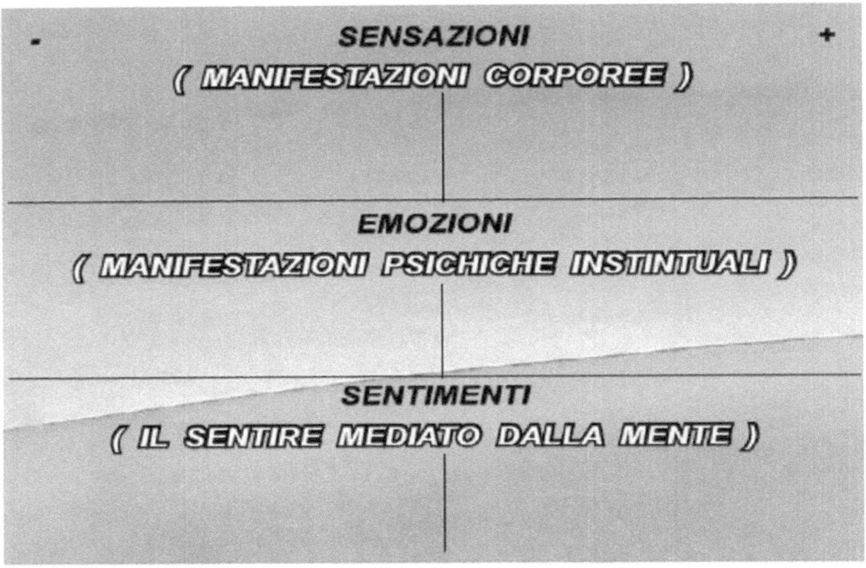

-
+
SENSAZIONI
(MANIFESTAZIONI CORPOREE)
EMOZIONI
(MANIFESTAZIONI PSICHICHE INSTINTUALI)
SENTIMENTI
(IL SENTIRE MEDIATO DALLA MENTE)

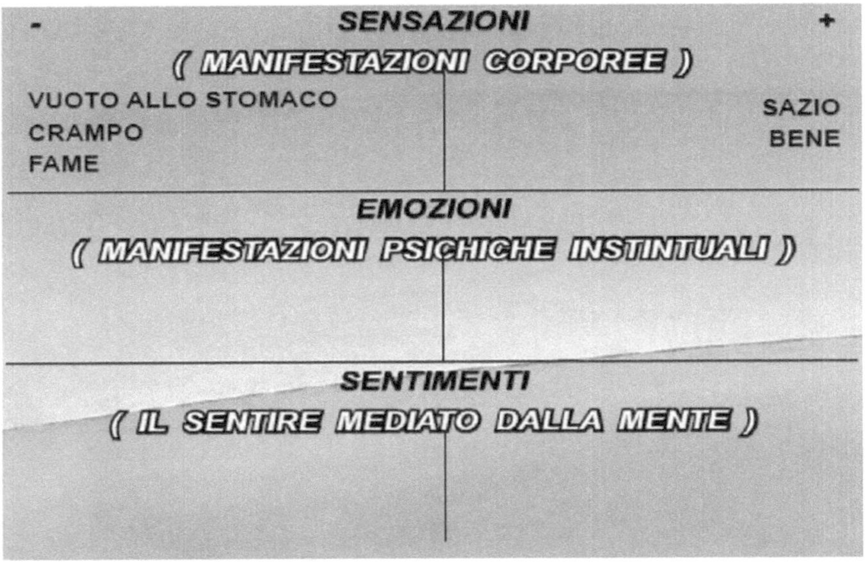

-
+
SENSAZIONI
(MANIFESTAZIONI CORPOREE)
VUOTO ALLO STOMACO
CRAMPO
FAME
SAZIO
BENE
EMOZIONI
(MANIFESTAZIONI PSICHICHE INSTINTUALI)
SENTIMENTI
(IL SENTIRE MEDIATO DALLA MENTE)

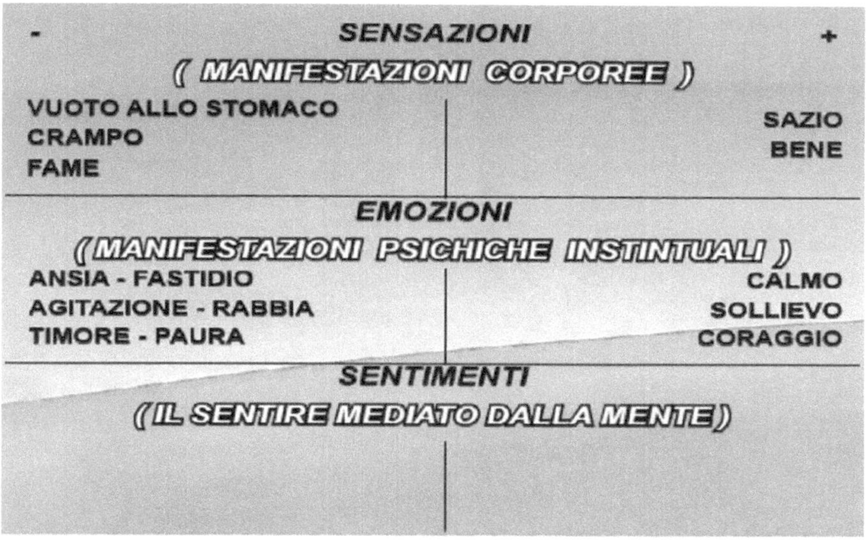

-   SENSAZIONI   +
(MANIFESTAZIONI CORPOREE)
VUOTO ALLO STOMACO
CRAMPO
FAME
SAZIO
BENE
EMOZIONI
(MANIFESTAZIONI PSICHICHE INSTINTUALI)
ANSIA - FASTIDIO
AGITAZIONE - RABBIA
TIMORE - PAURA
CALMO
SOLLIEVO
CORAGGIO
SENTIMENTI
(IL SENTIRE MEDIATO DALLA MENTE)

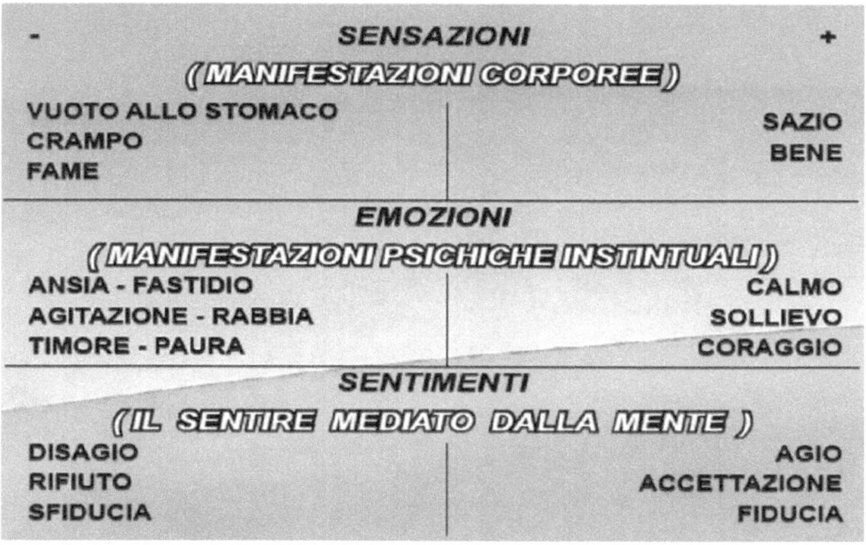

-   SENSAZIONI   +
(MANIFESTAZIONI CORPOREE)
VUOTO ALLO STOMACO
CRAMPO
FAME
SAZIO
BENE
EMOZIONI
(MANIFESTAZIONI PSICHICHE INSTINTUALI)
ANSIA - FASTIDIO
AGITAZIONE - RABBIA
TIMORE - PAURA
CALMO
SOLLIEVO
CORAGGIO
SENTIMENTI
(IL SENTIRE MEDIATO DALLA MENTE)
DISAGIO
RIFIUTO
SFIDUCIA
AGIO
ACCETTAZIONE
FIDUCIA

LA LETTURA ED ACCOGLIENZA

DEI QUADRI DI INSIEME

(CASSA DI RISONANZA)

FA PASSARE LA PERSONA

DALLA CONFUSIONE ALLA CHIAREZZA
DALL' AMBIGUITÀ ALL' AMBIVALENZA

E REALIZZA CONSAPEVOLEZZA E POSSIBILITÀ

DI UNA DIVERSA LIBERTÀ DI SCELTA

RESPONSABILE

(ALLEANZA POSITIVA) - (COSA DECIDO ... ?)

FAVORENDO :

CONOSCENZA

RASSICURAZIONE

CONTROLLO

INTRODUZIONE AL METODO

CONVENIAMO CHE:

(1)

COME LA PERSONA VA CONOSCIUTA
IN TUTTE LE SUE COMPONENTI

**UNA SITUAZIONE PROBLEMATICA
VA CONOSCIUTA
NEI SUOI VARI ASPETTI *(COMPONENTI)***

PER ESSERE GESTITA IN MANIERA OTTIMALE

(2)

E' IMPORTANTE **SAPERE COME CONOSCERE**
UNA SITUAZIONE PROBLEMATICA
IN TUTTI I SUOI ASPETTI

ASPETTI DA CONSIDERARE
PER CONOSCERE
LA SITUAZIONE PROBLEMATICA
PROPRIA DI UNA
COMUNICAZIONE INTERPERSONALE

PRIMO ASPETTO:

LA DESCRIZIONE DELLA SITUAZIONE
DAL PUNTO DI VISTA RAZIONALE :
IL RACCONTO o RIASSUNTO DELL'INSIEME
DEI DATI CHE DESCRIVONO
LA SITUAZIONE PROBLEMATICA
DAL PUNTO DI VISTA LOGICO - RAZIONALE
CIOÈ
LA DESCRIZIONE RAZIONALE DI ELEMENTI CHIARI,
EVIDENTI, STORICI CHE RIGUARDANO
I FATTI E LE PERSONE COSI' COME

FOTOGRAFABILI OGGETTIVAMENTE

E RIPORTABILI DALLA REALTÀ'

SECONDO ASPETTO:

LA DESCRIZIONE DELLA SITUAZIONE
DAL PUNTO DI VISTA DEL MONDO IMMAGINARIO,

CIOÈ L'INSIEME DEI DATI DI CONOSCENZA
REPERIBILI PER L'IDENTIFICAZIONE
DEI MONDI IMMAGINARI
DELLE PERSONE COINVOLTE .....

OVVERO

LE FANTASIE, LE IMMAGINAZIONI,
I DESIDERI, I SOGNI, I RICORDI,
LE INTUIZIONI (I SOSPETTI)
ACQUISIBILI DA UNA INDAGINE ESPLORATIVA
SULLE PERSONE CHE CONDIVIDONO
LA SITUAZIONE IN ESAME

TERZO ASPETTO

LA DESCRIZIONE DEL QUADRO EMOZIONALE
CHE CARATTERIZZA LA SITUAZIONE,
CIOÈ L'INSIEME DEI DATI DI CONOSCENZA
CHE IDENTIFICANO I MONDI EMOZIONALI
DELLE PERSONE COINVOLTE ....

CIOÈ' QUELLE PAROLE DEL
VOCABOLARIO CHE INDICANO

SENSAZIONI - EMOZIONI - SENTIMENTI
E CHE CONSENTONO DI INDIVIDUARE
GLI STATI EMOZIONALI
DELLE PERSONE COINVOLTE
ANCHE NEI LORO RIFLESSI
A LIVELLO FISICO
(SCHEMA DELLA CASSA DI RISONANZA)

PARTI OPERATIVE

PRASSI

IL METODO
PRIMA PARTE
SITUAZIONE PROBLEMATICA
FASI
DI
CONOSCENZA

IL METODO
PRIMA PARTE
PRIMA FASE
IDENTIFICAZIONE E DEFINIZIONE
DELLA SITUAZIONE PROBLEMATICA
TITOLO

IL METODO
PRIMA PARTE
SECONDA FASE
SCELTA DELLA PERSONA
PER L'ESPOSIZIONE
DESCRITTIVA
DELLA SITUAZIONE
PROBLEMATICA

IL METODO
PRIMA PARTE
TERZA FASE
DEFINIZIONE
CONCORDATA
DEL TEMPO DI
ESPOSIZIONE

QUARTA FASE

ESPOSIZIONE DESCRITTIVA DELLA SITUAZIONE PROBLEMATICA

QUINTA FASE

DOMANDE DI APPROFONDIMENTO DELLA DESCRIZIONE RAZIONALE

SESTA FASE

CONTESTUALE CORREZIONE DELLE MODALITÀ DI COMUNICAZIONE

SETTIMA FASE

DA PARTE DEI PRESENTI
CONSEGNA DEI CONTENUTI
DELLA PROPRIA IMMAGINAZIONE
STIMOLATA DALLA DESCRIZIONE
RAZIONALE APPROFONDITA

- COLORE
- DISEGNO
- FANTASIA

PRODUZIONE ARTISTICA
DA PARTE DEI SINGOLI PARTECIPANTI
DELLA RAPPRESENTAZIONE
DEL PROPRIO IMMAGINARIO:

("se ti dovessi rappresentare la situazione problematica con
un colore quale colore sceglieresti ..."

" se ti dovessi rappresentare la situazione problematica con
un disegno : cosa disegneresti ... con quali colori ...")

OTTAVA FASE

COMPOSIZIONE DELLA CONOSCENZA
DEL MONDO IMMAGINARIO
CO-PRESENTE CONNESSO
o SOTTOSTANTE
LA SITUAZIONE PROBLEMATICA

=

APPOSITA METODOLOGIA

MOSTRA - ESPOSIZIONE DEI DISEGNI

NONA FASE

CONSEGNA

DA PARTE DEI PRESENTI

DEI DATI DI IDENTIFICAZIONE

DEGLI **STATI EMOZIONALI**

CONNESSI ALLA

SITUAZIONE PROBLEMATICA

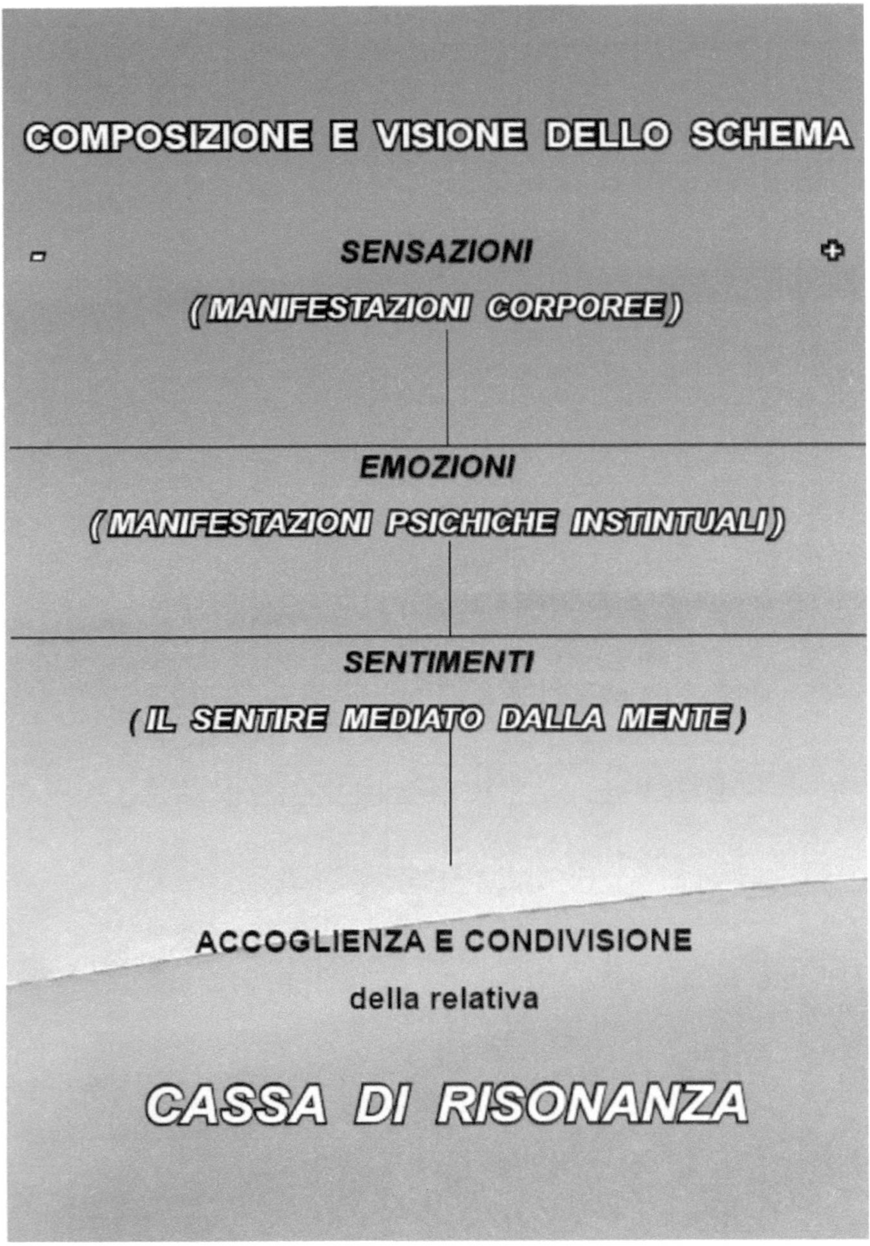

COMPOSIZIONE E VISIONE DELLO SCHEMA

SENSAZIONI

(MANIFESTAZIONI CORPOREE)

EMOZIONI

(MANIFESTAZIONI PSICHICHE INSTINTUALI)

SENTIMENTI

(IL SENTIRE MEDIATO DALLA MENTE)

ACCOGLIENZA E CONDIVISIONE

della relativa

CASSA DI RISONANZA

RIASSUNTO

L' INSIEME DEI DATI COGNITIVI DEL:

- **LIVELLO RAZIONALE**
- **LIVELLO IMMAGINARIO**
- **LIVELLO EMOZIONALE**

CHE IDENTIFICANO LA SITUAZIONE PROBLEMATICA RAPPRESENTANO **UNA DESCRIZIONE OTTIMALE** ESAUSTIVA DELLA STESSA ...

FOTO O IMMAGINE AD ALTA DEFINIZIONE

IL METODO

SECONDA PARTE

SITUAZIONE PROBLEMATICA

FASI di
SPIEGAZIONE

IL METODO
SECONDA PARTE

PRIMA FASE

CONSEGNA DA PARTE DEI PRESENTI
di PERSONALI IPOTESI ESPLICATIVE
DELLA SITUAZIONE PROBLEMATICA
FRUTTO DI RIFLESSIONE "INTELLIGENTE"
SUI DATI DI CONOSCENZA ACQUISITI

" SECONDO ME LA SITUAZIONE
E' PROBLEMATICA PERCHÉ ..."

SECONDA FASE

IL QUADRO D'INSIEME
DELLE SPIEGAZIONI RACCOLTE

CONSENTE UNA LETTURA OTTIMALE
DELLA SITUAZIONE PROBLEMATICA E
NE REALIZZA CONTESTUALMENTE

LA MIGLIORE POSSIBILE
ELABORAZIONE CONOSCITIVA

SECONDO I CONTRIBUTI RESI

IL METODO

TERZA PARTE

SITUAZIONE PROBLEMATICA:

FASI DI ELABORAZIONE EVOLUTIVA

PRIMA FASE

CONSEGNA DA PARTE DEI PRESENTI
DELLE INDICAZIONI DI COMPORTAMENTO
DA PROPORRE ALLE PERSONE COINVOLTE
NELLA SITUAZIONE PROBLEMATICA

" SECONDO ME SI POTREBBE ... "

(RIFLESSIONE)

I CONTRIBUTI RACCOLTI SONO BASATI
SULLA TOTALITÀ DEI DATI COGNITIVI
E RISULTANO ESSERE
FRUTTO INTELLIGENTE
DELLA CREATIVITÀ E
DELL' INTUIZIONE DI CIASCUNO

SECONDA FASE

SINTESI DI ELABORAZIONE
FAVORITE DAI CONDUTTORI
ESPERTI DEL METODO
VENGONO FINALIZZATE ALLA
TRASFORMAZIONE E SUPERAMENTO
DELLA SITUAZIONE PROBLEMATICA

ASPETTO TERAPEUTICO

IL METODO - PRIMA PARTE

SCHEMA RIASSUNTIVO

SITUAZIONE PROBLEMATICA

DESCRIZIONE

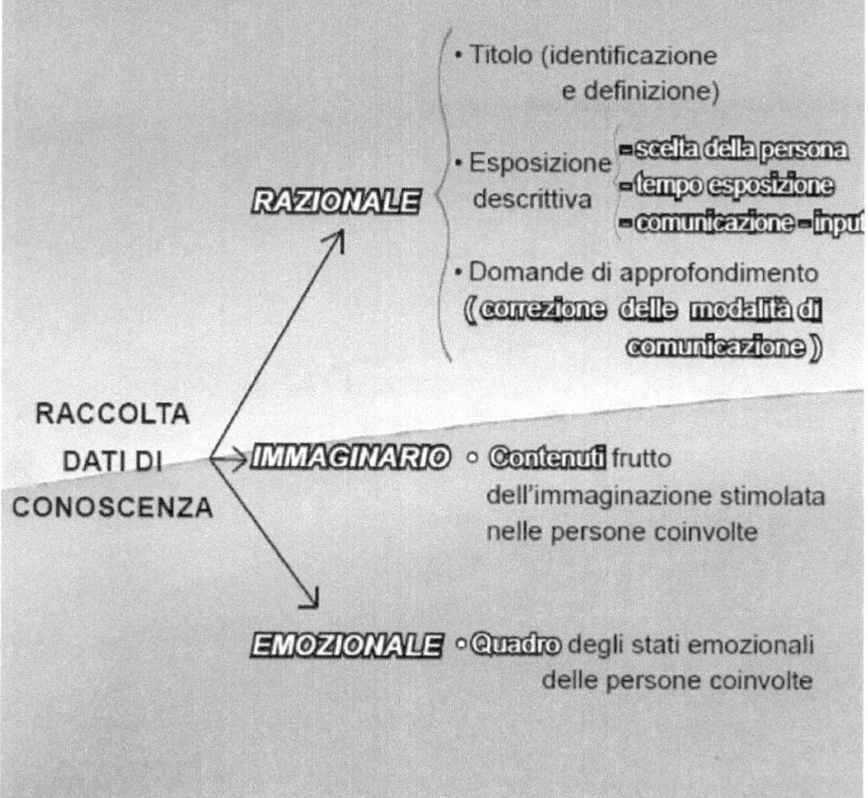

IL METODO - SECONDA PARTE

SPIEGAZIONE - ANALISI

- Raccolta delle chiavi di lettura
  e di spiegazione della problematicità
  della situazione relazionale
  in esame

- Elaborazione conoscitiva

IL METODO - TERZA PARTE

ELABORAZIONE EVOLUTIVA

- Elaborazione intuitiva e creazione
  di evoluzione (cambiamento)

- Indicazioni operative

IL METODO

OPPORTUNAMENTE ACQUISITO

NELLA PERSONA

CONCORRE

a SUPERARE

la

PROBLEMATICITÀ

della

COMUNICAZIONE

(SIA A LIVELLO PERSONALE

COME INTERPERSONALE)

in modo

POSSIBILE

CONCRETO

OTTIMALE

LA RELAZIONE UMANA NE TRAE VANTAGGI INTUIBILI

DR. CLAUDIO DI NICOLA

L'EDUCAZIONE
delle EMOZIONI
e dei SENTlMENTI

Una proposta di formazione per le scuole

QUANDO PARLIAMO DI
EMOZIONI
SIAMO ALLA PRESE CON QUALCOSA
CHE "SPERIMENTIAMO" MA ....
.... CHE NON CONOSCIAMO

SE ASSUMIAMO LA PERSONA
COME STRUMENTO
DI COMUNICAZIONE
E NE ARTICOLIAMO
LE COMPONENTI:

MENTALE
FISICA
EMOZIONALE

E POI CI DOMANDIAMO:

COSA PENSO

COSA PROVO FISICAMENTE

CHE EMOZIONE PROVO

SCOPRIAMO CHE

NEL RISPONDERE

ALLA TERZA DOMANDA

" CHE EMOZIONE PROVO "

ABBIAMO

QUALCHE DIFFICOLTÀ

PERCHÉ ?
PERCHÉ A SCUOLA ...
.... DISCIPLINE
LETTERARIE - TECNICHE - SCIENTIFICHE
CI HANNO CONSENTITO
di CONOSCERE il
MENTALE - LOGICO - RAZIONALE

L'EDUCAZIONE FISICA

CI HA CONSENTITO DI CONOSCERE

IL CORPOREO

NESSUNA DISCIPLINA
CI HA CONSENTITO
DI CONOSCERE

L' EMOTIVO

che pure è

ONNIPRESENTE

NELL'ESPERIENZA

DELLA PERSONA

UNA COSA E' SICURA
PER IL BAMBINO COME PER L'ADULTO

L'EMOZIONE

E' NORMALMENTE CENSURATA

E VISSUTA COME ....

.... SCOMODA !

... A NOI È STATO SOMMARIAMENTE

FATTO CAPIRE

CHE IL COMPORTAMENTO

VA DISCIPLINATO

IN MODO DA

... " CONTROLLARE " L'EMOTIVO....

E NOI

ABBIAMO IMPARATO

A REPRIMERLO !!!

A NON FARGLI SPAZIO !!!

... ORA, SE E' VERO CHE:

IL LINGUAGGIO

E' STRUMENTO CHE

ORIENTA LA PERSONA,

PERCHÉ ....

RICONOSCIAMO

SOLO CIÒ

A CUI SIAMO IN GRADO DI

DARE UN NOME ....

(DISTINZIONE DALLO SFONDO)

....E CIÒ CHE RICONOSCIAMO

E' LA NOSTRA REALTÀ

... E SE

CIÒ CHE ESCLUDIAMO
DAL NOSTRO LINGUAGGIO

RIMANE ESCLUSO
DALLA REALTÀ ...

LE NOSTRE EMOZIONI

RESTANO ESCLUSE

DALLA REALTÀ !

O MEGLIO ....

SE E' VERO CHE
NON CI SONO
STATE INSEGNATE
PAROLE PER NOMINARE
LE EMOZIONI,
E LA NOSTRA PERSONA
DISPONE DI UN LINGUAGGIO
POVERO DI PAROLE
CIRCA LE EMOZIONI,
NE DERIVA LA
TENDENZA A
NON RICONOSCERLE
E AD ESCLUDERLE
DALLA REALTÀ

MA .....

SE IL LINGUAGGIO

E' STRUMENTO

CHE ORIENTA LA PERSONA

E COME LINGUAGGIO

NON CONOSCIAMO

E NON RICONOSCIAMO

LE EMOZIONI

e .....

SE NON CONOSCIAMO

L'EMOTIVO

NON CONOSCIAMO

UNA COMPONENTE DELLO

STRUMENTO DI

COMUNICAZIONE

CHE LA PERSONA E'....

L'USO DELLA
PROPRIA PERSONA
DA PARTE DI CIASCUNO
DIVENTA PROBLEMATICO !

PERCHÉ ....

.... NON CONOSCIAMO
UNA COMPONENTE
DELLO STRUMENTO
DI COMUNICAZIONE
CHE LA PERSONA E' !

NE RISENTE ...

LA COMUNICAZIONE
INTERPERSONALE

CI RITROVIAMO

A SCRIVERE MESSAGGI CON

MATITE SPUNTATE ...

ED A CUI NON SAPPIAMO NEANCHE

FARE LA PUNTA !!!

DI CONSEGUENZA
LA COMUNICAZIONE DI CIASCUNO
E'
PROBLEMATICA
" PER DEFINIZIONE "
ed
OVUNQUE C'E'
UN RAPPORTO DI COMUNICAZIONE
TRA DUE O PIÙ PERSONE
C'E'
UNA SITUAZIONE PROBLEMATICA

PERCHÉ

SI SOMMANO LE PROBLEMATICITÀ
DI CIASCUNA COMUNICAZIONE

COSA POSSIAMO FARE ?

....

PRESUPPOSTO:

OVUNQUE
SI INCONTRANO PERSONE

SI PONE

UNA SITUAZIONE
PROBLEMATICA

PER LA RELAZIONE e

LA COMPRENSIONE

ATTESA

NELLA COMUNICAZIONE

L'EMOZIONE VA:

CONOSCIUTA

CONDIVISA

ELABORATA

EDUCATA

DISCIPLINATA

DOVE ?
COME ?

COME FARE ENTRARE NELLA
COMUNICAZIONE DELLA PERSONA
L'EMOZIONE
COME RICCHEZZA E CONTRIBUTO
CONSAPEVOLMENTE GESTITO
E .....

... NON COME
INTERFERENZA
PERICOLOSA
DA ELIMINARE ?

LA PROPOSTA
PRENDE AVVIO DA UN
METODO
SPERIMENTATO
PER L'INSEGNAMENTO DELLA
COMUNICAZIONE INTERPERSONALE
:
QUESTO METODO PROPONE
PER LA PERSONA
UN RECUPERO DI FORMAZIONE
PER QUANTO ATTIENE
LA COMPONENTE
EMOTIVO - SENTIMENTALE

QUESTO RECUPERO DI FORMAZIONE

SI REALIZZA

DOTANDO LA PERSONA

DI UNA

CAPACITA' DI LEGGERE

IN QUALUNQUE MOMENTO

LA LASTRA O SCHEMA O MAPPA

DEL PROPRIO MONDO

O

STATO EMOTIVO - SENTIMENTALE

CON IL SUPPORTO DEI SEGUENTI

SCHEMI

TEORICO - PRATICI *

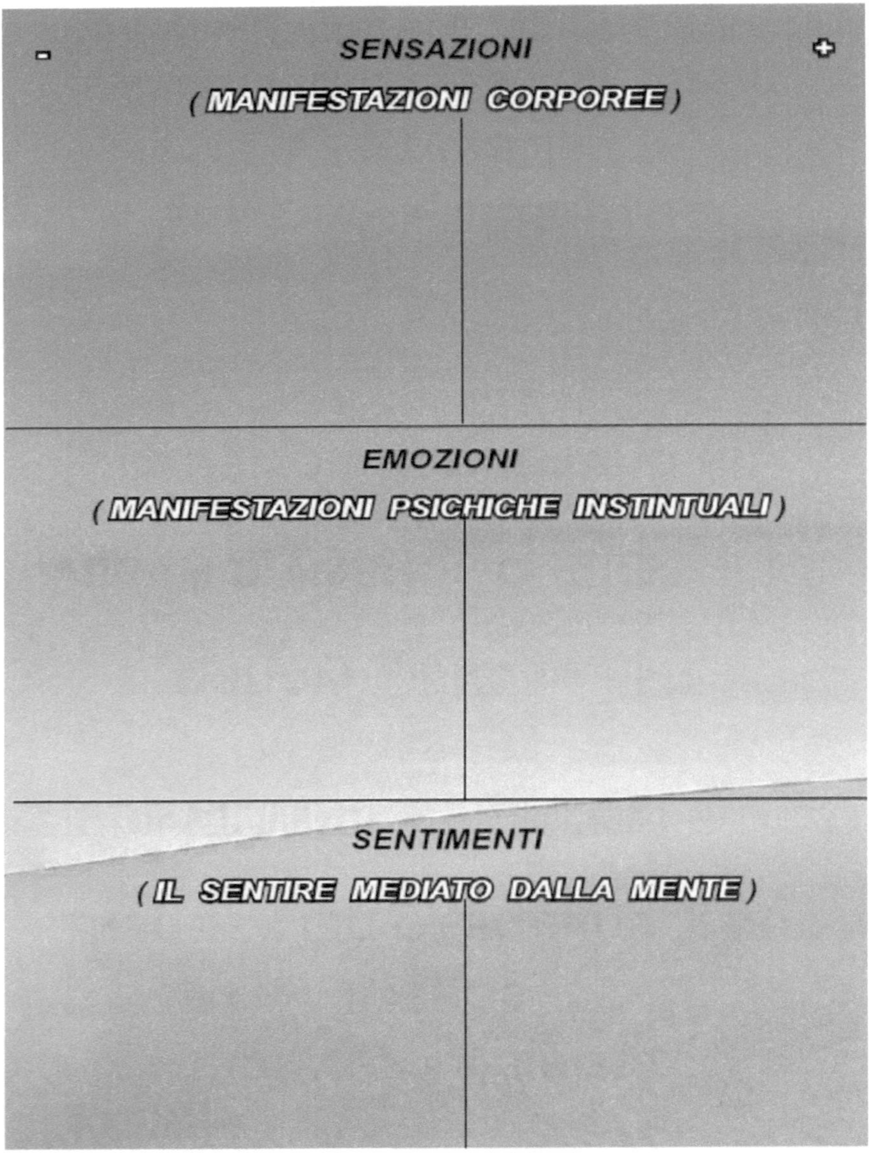

SENSAZIONI

(MANIFESTAZIONI CORPOREE)

EMOZIONI

(MANIFESTAZIONI PSICHICHE INSTINTUALI)

SENTIMENTI

(IL SENTIRE MEDIATO DALLA MENTE)

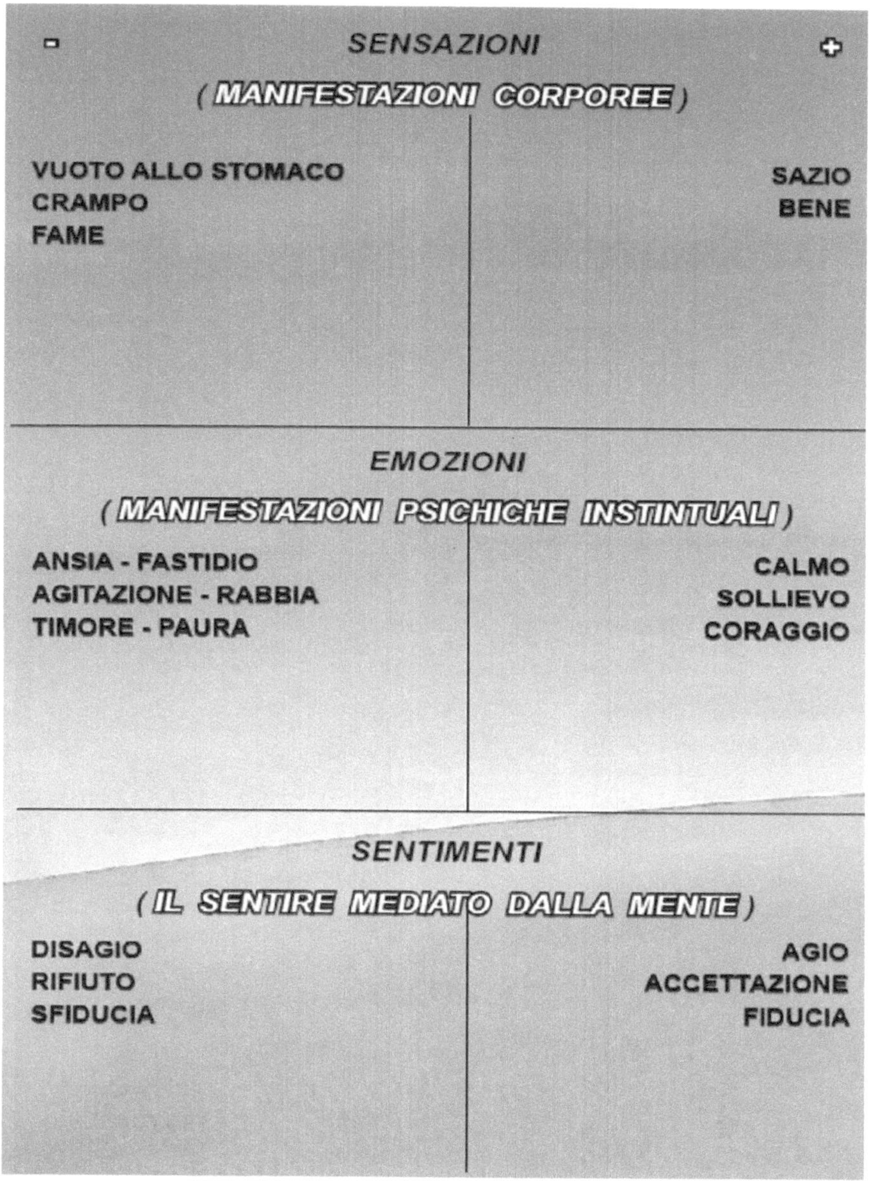

SENSAZIONI

(MANIFESTAZIONI CORPOREE)

VUOTO ALLO STOMACO	SAZIO
CRAMPO	BENE
FAME	

EMOZIONI

(MANIFESTAZIONI PSICHICHE INSTINTUALI)

ANSIA - FASTIDIO	CALMO
AGITAZIONE - RABBIA	SOLLIEVO
TIMORE - PAURA	CORAGGIO

SENTIMENTI

(IL SENTIRE MEDIATO DALLA MENTE)

DISAGIO	AGIO
RIFIUTO	ACCETTAZIONE
SFIDUCIA	FIDUCIA

QUESTO

RECUPERO DI FORMAZIONE

SI REALIZZA ATTRAVERSO

UNA ESPERIENZA SEMINARIALE

CHE CON PRECISI

PASSAGGI METODOLOGICI

CONSENTE ALLA PERSONA

DI PORSI IN MODO NUOVO

E CON

CONSAPEVOLEZZA DIVERSA

NEL TEATRO DELLA SITUAZIONE

PROBLEMATICA

DELLA VITA DI RELAZIONE

IL " METODO "

VIENE QUI
PROPOSTO COME

STRUTTURA
ED ARTICOLAZIONE

DELLA LEZIONE

DI

EDUCAZIONE
DELLE EMOZIONI
E
DEI SENTIMENTI

INTRODUZIONE AL METODO

CONVENIAMO CHE:

(1)

COME LA PERSONA VA CONOSCIUTA
IN TUTTE LE SUE COMPONENTI

UNA SITUAZIONE PROBLEMATICA
VA CONOSCIUTA
NEI SUOI VARI ASPETTI *(COMPONENTI)*

PER ESSERE GESTITA IN MANIERA OTTIMALE

(2)

E' IMPORTANTE SAPERE COME CONOSCERE
UNA SITUAZIONE PROBLEMATICA
IN TUTTI I SUOI ASPETTI

ASPETTI DA CONSIDERARE
PER CONOSCERE
LA SITUAZIONE PROBLEMATICA
PROPRIA DI UNA
COMUNICAZIONE INTERPERSONALE

PRIMO ASPETTO:
LA DESCRIZIONE DELLA SITUAZIONE
DAL PUNTO DI VISTA RAZIONALE :
IL RACCONTO o RIASSUNTO DELL'INSIEME
DEI DATI CHE DESCRIVONO
LA SITUAZIONE PROBLEMATICA
DAL PUNTO DI VISTA LOGICO - RAZIONALE
LA DESCRIZIONE RAZIONALE DI ELEMENTI CHIARI,
EVIDENTI, STORICI CHE RIGUARDANO
I FATTI E LE PERSONE COSI' COME
FOTOGRAFABILI OGGETTIVAMENTE
E RIPORTABILI DALLA REALTÀ

SECONDO ASPETTO:

LA DESCRIZIONE DELLA SITUAZIONE
DAL PUNTO DI VISTA DEL MONDO IMMAGINARIO,

CIOÈ L'INSIEME DEI DATI DI CONOSCENZA
REPERIBILI PER L'IDENTIFICAZIONE
DEI MONDI IMMAGINARI
DELLE PERSONE COINVOLTE .....

OVVERO

LE FANTASIE, LE IMMAGINAZIONI,
I DESIDERI, I SOGNI, I RICORDI,
LE INTUIZIONI (I SOSPETTI)
ACQUISIBILI DA UNA INDAGINE ESPLORATIVA
SULLE PERSONE CHE CONDIVIDONO
LA SITUAZIONE IN ESAME

LA DESCRIZIONE DEL QUADRO EMOZIONALE
CHE CARATTERIZZA LA SITUAZIONE,
CIOÈ L'INSIEME DEI DATI DI CONOSCENZA
CHE IDENTIFICANO I MONDI EMOZIONALI
DELLE PERSONE COINVOLTE ....

CIOÈ' QUELLE PAROLE DEL
VOCABOLARIO CHE INDICANO

SENSAZIONI - EMOZIONI - SENTIMENTI
E CHE CONSENTONO DI INDIVIDUARE
GLI STATI EMOZIONALI
DELLE PERSONE COINVOLTE
ANCHE NEI LORO RIFLESSI
A LIVELLO FISICO
(SCHEMA DELLA CASSA DI RISONANZA)

PARTI OPERATIVE

PRASSI

IL METODO
PRIMA PARTE
SITUAZIONE PROBLEMATICA
FASI
DI
CONOSCENZA

IL METODO
PRIMA PARTE
PRIMA FASE
IDENTIFICAZIONE E DEFINIZIONE
DELLA SITUAZIONE PROBLEMATICA
TITOLO

IL METODO
PRIMA PARTE
SECONDA FASE
SCELTA DELLA PERSONA
PER L'ESPOSIZIONE
DESCRITTIVA
DELLA SITUAZIONE
PROBLEMATICA

IL METODO
PRIMA PARTE
TERZA FASE
DEFINIZIONE
CONCORDATA
DEL TEMPO DI
ESPOSIZIONE

QUARTA FASE

ESPOSIZIONE DESCRITTIVA DELLA SITUAZIONE PROBLEMATICA

QUINTA FASE

DOMANDE DI APPROFONDIMENTO DELLA DESCRIZIONE RAZIONALE

SESTA FASE

CONTESTUALE CORREZIONE DELLE MODALITÀ DI COMUNICAZIONE

SETTIMA FASE

DA PARTE DEI PRESENTI
CONSEGNA DEI CONTENUTI
DELLA PROPRIA IMMAGINAZIONE
STIMOLATA DALLA DESCRIZIONE
RAZIONALE APPROFONDITA

- COLORE
- DISEGNO
- FANTASIA

PRODUZIONE ARTISTICA
DA PARTE DEI SINGOLI PARTECIPANTI
DELLA RAPPRESENTAZIONE
DEL PROPRIO IMMAGINARIO:

("se ti dovessi rappresentare la situazione problematica con un colore quale colore sceglieresti ..."

" se ti dovessi rappresentare la situazione problematica con un disegno : cosa disegneresti ... con quali colori ...")

OTTAVA FASE

COMPOSIZIONE DELLA CONOSCENZA DEL MONDO IMMAGINARIO CO-PRESENTE CONNESSO o SOTTOSTANTE LA SITUAZIONE PROBLEMATICA

APPOSITA METODOLOGIA

MOSTRA - ESPOSIZIONE DEI DISEGNI

NONA FASE

CONSEGNA

DA PARTE DEI PRESENTI

DEI DATI DI IDENTIFICAZIONE

DEGLI **STATI EMOZIONALI**

CONNESSI ALLA

SITUAZIONE PROBLEMATICA

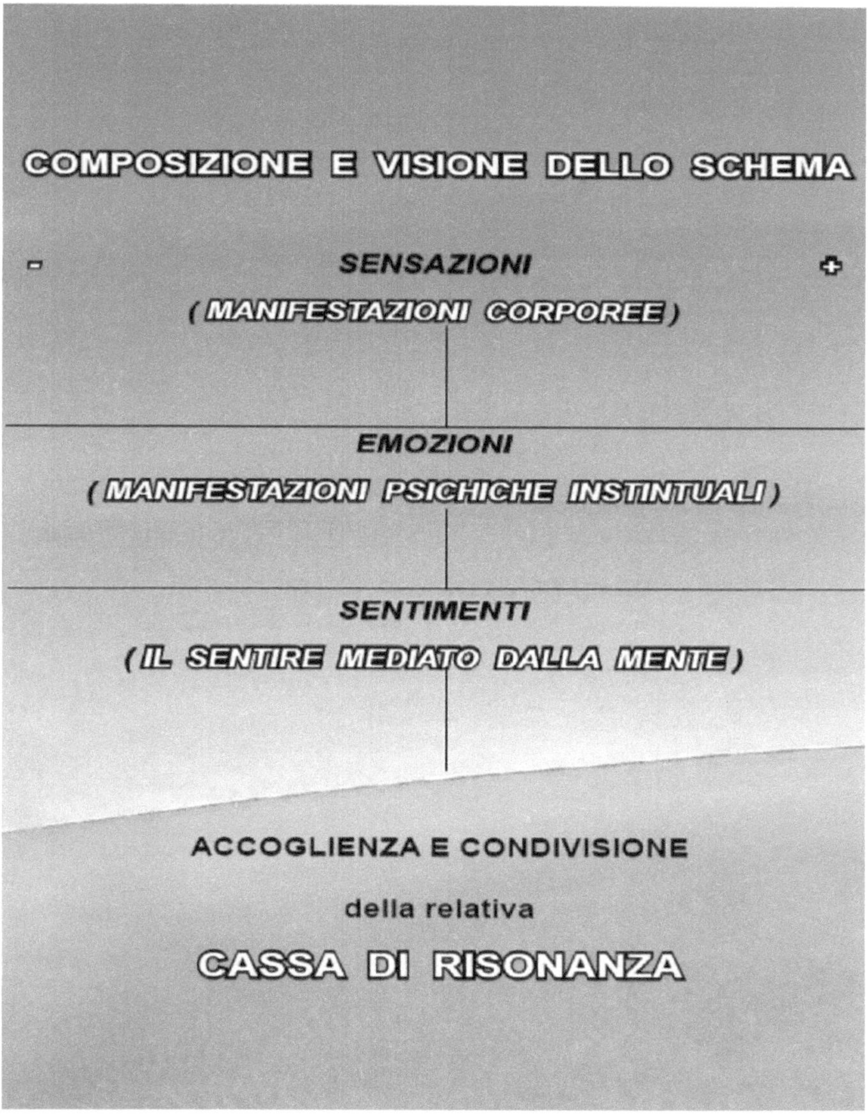

COMPOSIZIONE E VISIONE DELLO SCHEMA

−   **SENSAZIONI**   ✛

(MANIFESTAZIONI CORPOREE)

EMOZIONI

(MANIFESTAZIONI PSICHICHE INSTINTUALI)

SENTIMENTI

(IL SENTIRE MEDIATO DALLA MENTE)

ACCOGLIENZA E CONDIVISIONE

della relativa

CASSA DI RISONANZA

RIASSUNTO

L' INSIEME DEI DATI COGNITIVI DEL:

- **LIVELLO RAZIONALE**
- **LIVELLO IMMAGINARIO**
- **LIVELLO EMOZIONALE**

CHE IDENTIFICANO LA SITUAZIONE PROBLEMATICA RAPPRESENTANO UNA DESCRIZIONE OTTIMALE ESAUSTIVA DELLA STESSA ...

FOTO O IMMAGINE AD ALTA DEFINIZIONE

SECONDA PARTE

SITUAZIONE PROBLEMATICA

FASI DI SPIEGAZIONE

IL METODO

SECONDA PARTE

PRIMA FASE

CONSEGNA DA PARTE DEI PRESENTI
DI PERSONALI IPOTESI ESPLICATIVE
DELLA SITUAZIONE PROBLEMATICA
FRUTTO DI RIFLESSIONE "INTELLIGENTE"
SUI DATI DI CONOSCENZA ACQUISITI

" SECONDO ME LA SITUAZIONE
E' PROBLEMATICA PERCHÉ ..."

IL METODO   SECONDA PARTE

SECONDA FASE

IL QUADRO D'INSIEME
DELLE SPIEGAZIONI RACCOLTE

CONSENTE UNA LETTURA OTTIMALE
DELLA SITUAZIONE PROBLEMATICA E
NE REALIZZA CONTESTUALMENTE

LA MIGLIORE POSSIBILE
ELABORAZIONE CONOSCITIVA

SECONDO I CONTRIBUTI RESI

TERZA PARTE

SITUAZIONE PROBLEMATICA:

FASI DI
ELABORAZIONE EVOLUTIVA

PRIMA FASE

CONSEGNA DA PARTE DEI PRESENTI DELLE INDICAZIONI DI COMPORTAMENTO DA PROPORRE ALLE PERSONE COINVOLTE NELLA SITUAZIONE PROBLEMATICA

" SECONDO ME SI POTREBBE ... "

(RIFLESSIONE)

I CONTRIBUTI RACCOLTI SONO BASATI
SULLA TOTALITÀ DEI DATI COGNITIVI
E RISULTANO ESSERE
FRUTTO INTELLIGENTE
DELLA CREATIVITÀ
E DELL' INTUIZIONE DI CIASCUNO

SECONDA FASE

SINTESI DI ELABORAZIONE
FAVORITE DAI CONDUTTORI
ESPERTI DEL METODO
VENGONO FINALIZZATE ALLA
TRASFORMAZIONE E SUPERAMENTO
DELLA SITUAZIONE PROBLEMATICA

ASPETTO TERAPEUTICO

IL METODO - PRIMA PARTE

SCHEMA RIASSUNTIVO

SITUAZIONE
PROBLEMATICA

DESCRIZIONE

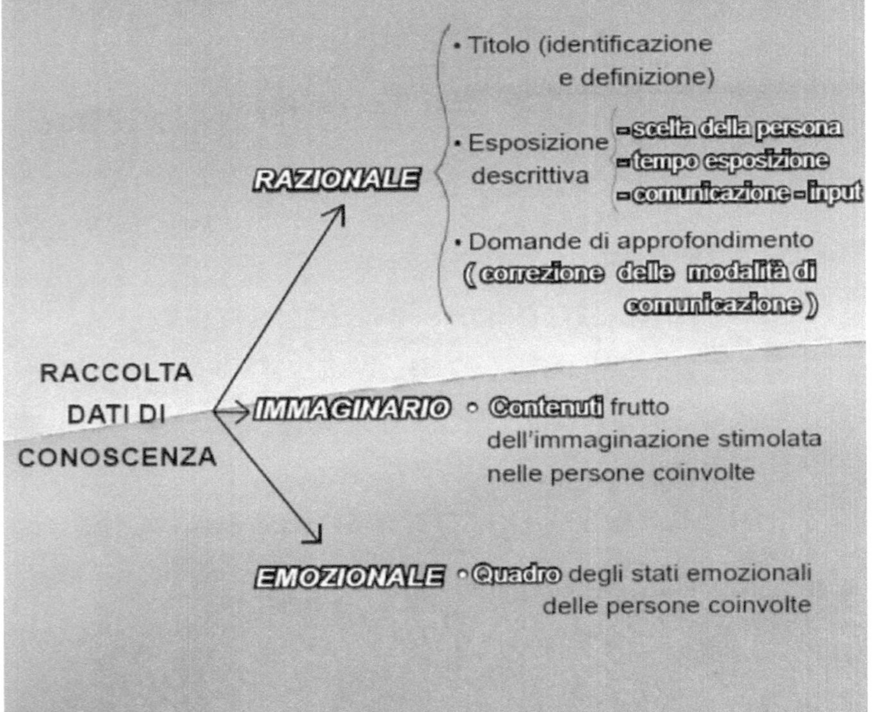

RAZIONALE
• Titolo (identificazione e definizione)
• Esposizione descrittiva = scelta della persona = tempo esposizione = comunicazione - input
• Domande di approfondimento (correzione delle modalità di comunicazione)
RACCOLTA DATI DI CONOSCENZA
IMMAGINARIO • Contenuti frutto dell'immaginazione stimolata nelle persone coinvolte
EMOZIONALE • Quadro degli stati emozionali delle persone coinvolte

IL METODO - SECONDA PARTE

SPIEGAZIONE - ANALISI

- **Raccolta delle chiavi di lettura e di spiegazione della problematicità della situazione relazionale in esame**

- **Elaborazione conoscitiva**

IL METODO - TERZA PARTE

ELABORAZIONE EVOLUTIVA

- **Elaborazione intuitiva e creazione di evoluzione (cambiamento)**

- **Indicazioni operative**

IL METODO

OPPORTUNAMENTE ACQUISITO

NELLA PERSONA

CONCORRE

a SUPERARE

la

PROBLEMATICITÀ

della

COMUNICAZIONE

(SIA A LIVELLO PERSONALE

COME INTERPERSONALE)

in modo

POSSIBILE

CONCRETO

OTTIMALE

LA RELAZIONE UMANA NE TRAE VANTAGGI INTUIBILI

I PASSAGGI METODOLOGICI CITATI

CONSENTONO UN RECUPERO DI CITTADINANZA

ED UN DIRITTO DI ESPERIENZA

DEI MONDI

IMMAGINARIO ED EMOZIONALE

DELLA PERSONA

I PASSAGGI METODOLOGICI CITATI

CONSENTONO

UNA ELABORAZIONE CREATIVA

DEI VISSUTI EMOTIVI

PROPRI DELLA SITUAZIONE PROBLEMATICA

E SPERIMENTATI NEL CONTESTO

DELLA PRASSI SEMINARIALE

I PASSAGGI METODOLOGICI CITATI

CONTEMPLANO INTERVENTI DIDATTICI

TESI A **RIDISEGNARE**

STILI PERSONALI DI COMUNICAZIONE

NELLE PERSONE DISCENTI

EDUCATI DAL PUNTO DI VISTA EMOZIONALE

CON RIFERIMENTO A QUEST'ULTIMO ASPETTO

IL **METODO** *PUÒ ASSOLVERE AL COMPITO DI*

REALIZZARE UN INSEGNAMENTO

DELLA COMUNICAZIONE E CONTESTUALMENTE

DELLA EDUCAZIONE DI

EMOZIONI E SENTIMENTI

IL "METODO"

CONSENTENDO ACQUISIZIONI DI

NATURA COGNITIVO ESPERIENZIALE

PUÒ ESSERE ASSUNTO

COME MODO DI REALIZZARE

UNA EDUCAZIONE DELLE EMOZIONI E SENTIMENTI

NEL CONTESTO DEGLI SPAZI PREVISTI

PER LE DISCIPLINE DIDATTICHE

COME ACCADE PER

L'EDUCAZIONE FISICA

C'E' DI PIU'...

.....ASSUMENDO IL CONTESTO
DELLA CLASSE
E DELLA LEZIONE COME
SITUAZIONE PROBLEMATICA
PER DOCENTI E DISCENTI NELLA
LORO RELAZIONE
DIDATTICA DI APPRENDIMENTO

IL METODO PUÒ CALARSI
NEL CONTESTO DELLE
LEZIONI DI
QUALUNQUE
DISCIPLINA SCOLASTICA
ED ASSUMERE LA FUNZIONE DI
MODALITÀ PEDAGOGICA

IN QUESTO MODO .....

PREMESSA

A SCUOLA L'IMPATTO CON LA
CLASSE VIENE SPERIMENTATO
DALLO STUDENTE CON
PREMURA O PREOCCUPAZIONE
O
DIFFICOLTÀ DI APPRENDERE
E RELAZIONARSI

LA PERSONA E' COINVOLTA

NEL PROPRIO MONDO

EMOZIONALE ED IMMAGINARIO

CON RICADUTE

NON SEMPRE POSITIVE

SUL PROFITTO

LA PROPOSTA
CONSISTE NEL REALIZZARE
NEL CONTESTO DELLA LEZIONE
TRADIZIONALE
UN MODO DI LAVORARE
CHE FA SPAZIO DI CONOSCENZA
E DI ESPERIENZA
DEI MONDI
IMMAGINARIO ED EMOZIONALE
DELLE PERSONE COINVOLTE

L'OBIETTIVO
E' QUELLO DI
TRASFORMARE
PRESENZA ED INTERFERENZA
DEI MONDI
IMMAGINARIO ED EMOZIONALE
(ES. UNA DISTRAZIONE)
IN ARRICCHIMENTO
PER LA LEZIONE
ANZICHÉ IN DIFFICOLTÀ
DI VARIO GENERE

ECCO LO SCHEMA
DI LEZIONE
SECONDO IL METODO
PER UNA QUALUNQUE
MATERIA DI INSEGNAMENTO
CHE CONTESTUALMENTE
REALIZZA
E SI PROPONE
COME
EDUCAZIONE DELLE EMOZIONI
E DEI SENTIMENTI

PRIMA FASE

DESCRIZIONE RAZIONALE
DELL'ARGOMENTO DELLA LEZIONE

1) IL DOCENTE ESPONE L'ARGOMENTO
E CONSEGNA IL PROPRIO SAPERE
IN TERMINI DI DATI DI CONOSCENZA
NELLA LORO SINTESI RIASSUNTIVA

2) ALLA FINE DELLA ESPOSIZIONE
SI FA SPAZIO A DOMANDE
E RISPOSTE DA PARTE DEI DISCENTI

QUESTA FASE CONSENTE:
- DI ACQUISIRE ULTERIORI DATI
DI CONOSCENZA
PER L'APPROFONDIMENTO
E LA SISTEMAZIONE
DEI CONTENUTI CONDIVISI (MEMORIA)
- DI INTERVENIRE DIDATTICAMENTE
SUGLI STILI PERSONALI
DI COMUNICAZIONE DEI DISCENTI
CON OBIETTIVI DI "PROFITTO"
E DI "INSEGNAMENTO"
DELLA COMUNICAZIONE

SECONDA FASE

DESCRIZIONE DAL PUNTO DI VISTA DELL'IMMAGINARIO

I DISCENTI VENGONO INVITATI
- IN LIBERTÀ - A PRODURRE
QUANTO NEL LORO IMMAGINARIO
SI E' VENUTO "DISEGNANDO"
IN RAGIONE DEGLI STIMOLI
COMPORTATI DALL'ACQUISIZIONE
DI DATI DI CONOSCENZA
SULL'ARGOMENTO
IN TRATTAZIONE

TERZA FASE

DESCRIZIONE DAL PUNTO DI VISTA
DELL'IMMAGINARIO

:

I DISEGNI PRODOTTI
RAPPRESENTANO
I DATI DI CONOSCENZA
DELL'IMMAGINARIO

COSÌ COME EVOCATO
NELLE MENTI DEI DISCENTI
DALL'ARGOMENTO DELLA LEZIONE

QUARTA FASE

DESCRIZIONE DAL PUNTO
DI VISTA DELL'EMOZIONALE

A - I DISCENTI INTERROGANO
I PROPRI STATI EMOZIONALI
E REGISTRANO SU APPOSITO
SCHEMA METODOLOGICO

I DATI DI CONOSCENZA
DELLA COMPONENTE EMOZIONALE

B - L'INSIEME DEI DATI DI
CONOSCENZA DELLA
COMPONENTE EMOZIONALE
RAPPRESENTA UNA
CASSA DI RISONANZA
CHE E' RIASSUNTIVA
DELLE EMOZIONI PERSONALI
DEI DISCENTI PROVOCATE
DAL "VISSUTO" DELLA LEZIONE IN CORSO

QUINTA FASE

I DISCENTI RISPONDONO
ALLA DOMANDA :

QUALE E'
LA TUA RIFLESSIONE
SULL'ESPERIENZA IN ESSERE
E LA TUA LETTURA
DELL'INSIEME
DEI DATI DI CONOSCENZA
COSI' COME RACCOLTI
E REGISTRATI
NEL CORSO DELLA LEZIONE ?

I CONTRIBUTI RACCOLTI
SONO OCCASIONE DI RIFLESSIONE
ED ELABORAZIONE CIRCA
I CONTENUTI DELLA LEZIONE

(LE "CAUSE" DELLA STORIA -
LA "LOGICA" DELLA MATEMATICA)

SESTA FASE

I DISCENTI RISPONDONO
ALLA DOMANDA:

- COME AVREI VOLUTO LO
SVOLGIMENTO DI QUESTA LEZIONE?

- COSA HO DA PROPORRE?

- COSA MI DICE L'INTUIZIONE?

I CONTRIBUTI RACCOLTI
SONO OCCASIONE DI

ULTERIORE ELABORAZIONE
DIDATTICA E PEDAGOGICA

A DISCREZIONE
DEL DOCENTE

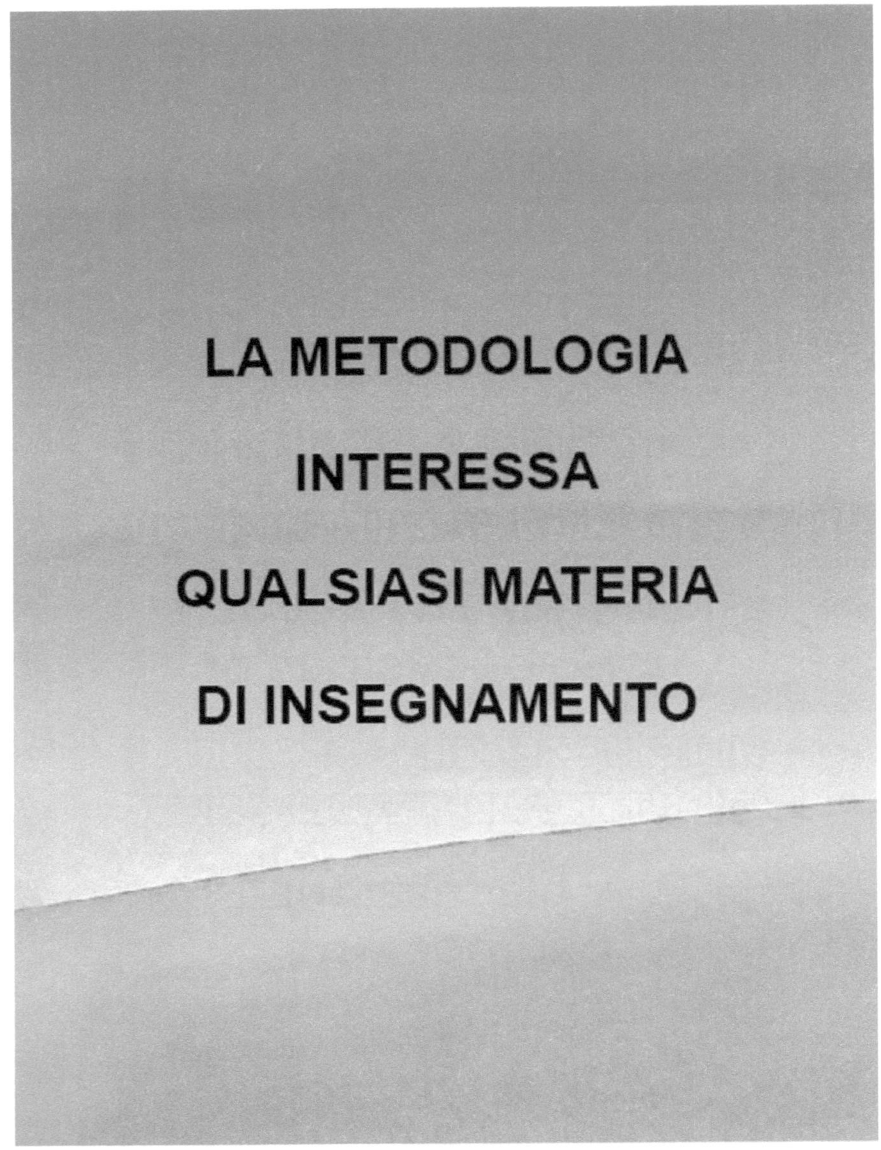
LA METODOLOGIA

INTERESSA

QUALSIASI MATERIA

DI INSEGNAMENTO

LA METODOLOGIA ESPOSTA
TOCCA L'ARGOMENTO
DELLA COMUNICAZIONE
INTERPERSONALE
PRODUTTIVA DI QUALITÀ:
- MOTIVAZIONE
- PROFITTO
- SODDISFAZIONE
- SALUTE

LA METODOLOGIA REALIZZA

L'EDUCAZIONE DELLE EMOZIONI

E

DEI SENTIMENTI

LA METODOLOGIA REALIZZA

L'INSEGNAMENTO DELLA COMUNICAZIONE

LA METODOLOGIA E'

METODO
PEDAGOGICO

Il documento "storico" di riflessioni introduttive e di giustificazione del Nuovo Metodo Pedagogico presentato al Collegio Docenti dell'Istituto d'Arte "Bernardino Di Betto" di Perugia per una prima sperimentazione (2003), preside la dott.sa Annarita Benedetti

RIFLESSIONI INTRODUTTIVE E DI GIUSTIFICAZIONE DEL NUOVO METODO PEDAGOGICO

- NELLE PRIME CLASSI DI OGNI ISTITUTO SCOLASTICO L'IMPATTO CON LA SCUOLA VIENE SPERIMENTATO DAGLI STUDENTI COME NECESSITA' – ED A VOLTE DIFFICOLTÀ - DI APPRENDERE E DI RELAZIONARSI.

- LA PERSONA È COINVOLTA NEL PROPRIO MONDO EMOZIONALE ED IMMAGINARIO CON RICADUTE NON SEMPRE POSITIVE SUL PROFITTO.

- C'E' LA PROBLEMATICA DELL'ABBANDONO, DELLA DISPERSIONE…

- LA SPERIMENTAZIONE PROPONE – NEL CONTESTO DELLA LEZIONE TRADIZIONALE - UN MODO DI LAVORARE CHE FA SPAZIO DI CONOSCENZA ED ESPERIENZA DEI MONDI "IMMAGINARIO ED EMOZIONALE" CON L'OBIETTIVO DI TRASFORMARE LA LORO CONSISTENZA IN VANTAGGIO ED IN ARRICCHIMENTO PER LA LEZIONE ANZICHÉ IN DIFFICOLTÀ DI VARIO GENERE.

- PER LA SPERIMENTAZIONE – ESPERIENZA PILOTA – VIENE RICHIESTA LA DISPONIBILITÀ DI ALCUNI DOCENTI DELLE CLASSI PRIME (DI QUALSIASI

MATERIA) PER ALCUNE ORE DI LEZIONE (TUTTO DA CONCORDARE) NELL'INTERESSE E NEL VANTAGGIO DI TUTTI.

- OVVIAMENTE È PREVISTA UNA MIGLIORE ILLUSTRAZIONE DELLA PROPOSTA PER I DOCENTI INTERESSATI E SUCCESSIVAMENTE UN MOMENTO DI INFORMAZIONE CIRCA L'APPOSITA METODOLOGIA.

- PUÒ ESSERE INTERESSATA QUALSIASI MATERIA DI INSEGNAMENTO.

- LA METODOLOGIA TOCCA L'ARGOMENTO DELLA COMUNICAZIONE INTERPERSONALE PRODUTTIVA DI QUALITÀ. (MOTIVAZIONE - PROFITTO – SODDISFAZIONE – SALUTE) ED IMPLICITAMENTE ANCHE L'INSEGNAMENTO DELLA COMUNICAZIONE E L'EDUCAZIONE DELLE EMOZIONI E DEI SENTIMENTI. (LE DINAMICHE…)

- SI PUÒ REALIZZARE L'ESPERIENZA ANCHE CON UN SOLO DOCENTE O UNA SOLA MATERIA DI LEZIONE MA ….. L'IDEALE SAREBBE.. PIÙ DI UNA.

Il documento "storico" " illustrativo " dello SCHEMA di lezione secondo il Metodo pedagogico elaborato in termini riassuntivi e presentato per la prima volta (nella stessa circostanza) al Collegio Docenti dell'Istituto d'Arte "Bernardino Di Betto" di Perugia per una prima sperimentazione (2003).

SCHEMA DI LEZIONE SECONDO IL METODO PER UNA QUALUNQUE MATERIA DI INSEGNAMENTO

Prima Fase: Descrizione razionale dell'argomento

1) Il docente espone la propria trattazione dell'argomento e segna il proprio sapere in termini di dati di conoscenza di natura riassuntivo-razionale.

2) Alla fine della sua esposizione si fa spazio a domande e risposte da parte degli allievi. Questa fase consente:

- di acquisire ulteriori dati di conoscenza in termini di approfondimento e di sistemazione dei contenuti (memoria).

- Di intervenire didatticamente sugli stili personali di comunicazione degli allievi con obiettivi di "profitto" e di "insegnamento della comunicazione".

Seconda fase: Descrizione dal punto di vista dell'Immaginario

Gli allievi vengono invitati – in libertà – a produrre quanto nel loro immaginario si è venuto "disegnando" in ragione degli stimoli comportati dall'acquisizione di dati di conoscenza sull'argomento in trattazione.
I disegni prodotti rappresentano i dati di conoscenza dell'immaginario così come reagito nelle menti degli allievi circa l'argomento della lezione.

Terza fase: Descrizione dal punto di vista dell' Emozionale

Gli allievi interrogano i propri stati emozionali e registrano su apposito "schema metodologico" i dati di conoscenza della componente emozionale. La cassa di risonanza che ne risulta è riassuntiva delle emozioni degli allievi con integrazione di quelle emozioni comportate dal "vissuto" della lezione in corso.

Quarta fase

Gli allievi rispondono alla domanda: "Perché – secondo Te – c'è questa realtà, questo bisogno di lezione e di contenuti (motivazione alla lezione) ?"… "Perché c'è questo razionale, immaginario, emozionale?
I contributi raccolti sono occasione di riflessioni ed elaborazione circa i contenuti della lezione (le "cause" della Storia – la "logica" della matematica..)

Quinta fase

Gli allievi rispondono alla domanda: "come avrei voluto lo svolgimento di questa lezione ? Cosa ho da proporre ? Cosa mi dice l'intuizione?".
I contributi raccolti sono occasione di ulteriore elaborazione didattica e pedagogica a discrezione del docente.

Nota bibliografica

In merito all'esigenza di indicare una bibliografia in senso tradizionale ritengo opportuno ed utile precisare che ho prodotto gli strumenti di lavoro riportati in questo manuale senza fare riferimento a Testi classici (o "sacri") propri dell'argomento della Comunicazione o del tema delle Emozioni e dei Sentimenti.

Ho piuttosto ed ovviamente tenuto presente, in modo automatico, tutto ciò che ha concorso in via istituzionale a realizzare la mia formazione – universitaria prima e privata poi – nel senso più ordinario della parola e rimando allora alle normali letture dei testi che supportano i corsi di laurea tanto di sociologia come di psicologia per gli aspetti cognitivi di carattere generale degli argomenti trattati.

Desidero però indicare, invece, quei testi o meglio ancora quegli Autori i cui scritti – tutti – mi hanno " emozionato " e hanno consentito al mio mondo immaginario di farsi creativo di ipotesi di ricerca, di proposte di lavoro e poi delle necessarie verifiche sui piani tecnico–operativi e di lavoro e soprattutto sui livelli della mia conoscenza mentale e soprattutto della mia coscienza esistenziale.

In questa logica sono stati della massima importanza le raccomandazioni dei colleghi a leggere un testo "suggeribile" alla luce della loro critica, oppure le raccomandazioni dell'amico comune che ti dice di avere trovato interessante un libro qualunque ("…perché non lo leggi…che poi ne parliamo … ? ") e qui lascio intendere quanto mi abbiano intrigato le varie letture e quanto abbiano concorso ad interrogarmi sul significato del concetto di sincronicità dell'Universo ed a ricercarne una verifica di esperienza.

Ecco dunque di seguito gli Autori ai quali debbo la mia crescita umana e professionale e verso i quali nutro semplicemente: "grande riconoscenza".

Loro è la produzione letteraria che mi ha Emozionato e contestualmente motivato ad una Mission.

Antonio Mercurio
Carlos Castaneda
Barbara Brennan
Laura Boggio Gilot
Nicola Magisano
Roberto, il sensitivo attore nei libri prodotti dal Cerchio di Firenze
Sai Baba
Master Choa Kok Sui
James Redfield
Elisabeth Haich

Ed infine l'Autore Nevil Shute che riportò in un suo libro - letto quasi 50 anni fa (No Highway) - i seguenti versi di James Mansfield, che ricordo a memoria da allora:

> **Therefore go forth companions when you find**
> **No highway more no track all being blind**
> **The way to go shall glimmer in the mind.**
>
> **Though if you conquered earth and charted sea**
> **Planned the courses of all stars that be**
> **Adventure on more wonders are in thee.**
>
> **Adventure on for from the littlest clue**
> **Has come whatever worth men ever knew**
> **The next to lighten all men may be you**

PERCOSO ED ESPERIENZE FORMATIVE

Dott. Claudio Di Nicola Sociologo - Psicologo – Psicoterapeuta

Nato a Roma il 12 . 09. 1949

STUDI e TITOLI

- Maturità scientifica

- Laurea in Sociologia conseguita presso l'Università degli studi di Roma - Facoltà di Magistero - in data 11.07.1975 con votazione 110/110 e lode.

- Attestato di specializzazione in Psicoterapia Analitica individuale e di gruppo conseguito a Roma il 30.06.1981 presso l' I.P.A. – Istituto di Psicoterapia Analitica della Sophia University of Rome.

- Iscrizione all'Albo Professionale degli Psicologi (Regione Umbria - N. 493)

ESPERIENZE FORMATIVE E DI LAVORO

- Da gennaio 1972 a novembre 1974: operatore sociale INAS-CISL (Istituto Nazionale di Assistenza Sociale), responsabile dell'Ufficio Patronati presso l'Istituto Nazionale della Previdenza Sociale - INPS, sede prov.le di Roma.

- Da novembre 1974 a luglio 1975: Corso residenziale di formazione per managers presso il C.P.D.A. - Azienda speciale della Camera di Commercio di Reggio Emilia.

- Da luglio 1975 a marzo 1982: impiegato direttivo della Conf-commercio – Confederazione Generale Italiana del Commercio e del Turismo – e direttore nazionale della Federgruppi (Federazione Italiana Gruppi Mercantili Associati).

- Nell'anno accademico 1975/76: assistente incaricato della conduzione di un Seminario - presso la Cattedra di " Statistica applicata alle scienze sociali ", Facoltà di Magistero dell'Università degli Studi di Roma.

- Nel triennio 1977–1979: Membro effettivo del Collegio dei Sindaci dell'Associazione Librai Italiani - A.L.I. - Confcommercio.

- Da settembre 1977 a marzo 1982: Coordinatore del Comitato Nazionale per la Cooperazione ed i Gruppi d'acquisto (ALI - Confcommercio)

- Dal 1982 ad oggi: professione libera di Sociologo e Psicologo.

- Dal 1984 al 1996: Presidente del "Centro di Psicoterapia Analitica" - Associazione accademico scientifica e culturale.

- Nel 1989 (26/29 ottobre) ad Amsterdam (Olanda), relatore al 27° Congresso mondiale della "The Open International University for complementary Medicines and Medicina Alternativa" (Tema: Disagio esistenziale e sintomi di natura psicosomatica)

- Dal 1994: Presidente dell'Associazione Culturale CENTRO EUROPEO PSICOLOGIA APPLICATA - SCUOLA DI COMUNICAZIONE - METODO CLAUDIO DI NICOLA.

- Nell'ambito delle attività istituzionali delle Associazioni citate ha promosso e realizzato in prima persona "attività didattico-terapeutiche" di formazione, tanto in ambito privato come pubblico.

- In particolare dal 1988 ad oggi ha realizzato corsi di formazione in metodologia della comunicazione, per un totale di oltre 2000 ore di docenza, su finanziamento di: Istituti Scolastici, Enti locali, Provveditorato agli studi, Presidenza del Consiglio dei Ministri. In particolare:

- Nel 1992 ha realizzato a Montesilvano (PE) su incarico dell'IRRSAE D'Abruzzo un corso di aggiornamento residenziale per dirigenti (Presidi e Direttori didattici) dal titolo: "La sperimentazione del nuovo Metodo pedagogico, didattico-terapeutico, elaborato dal Dott. Claudio Di Nicola" (40 ore).

- Il Corso promosso dall'I.R.R.S.A.E. d'Abruzzo (Istituto Regionale di Ricerca Sperimentazione ed Aggiornamento Educativi) ha ufficializzato l'invenzione del Metodo.

- Nel 1996 ha realizzato, con la nuova metodologia, nelle scuole medie inferiori della città di Avezzano attività di "prevenzione droga" - promossa dalla Presidenza del Consiglio dei Ministri. (240 ore)

- Nel 1998 ha realizzato a Pomezia, presso l'azienda Clicart, su finanziamento della Regione Lazio / Min. Lavoro e Previdenza sociale un Progetto di formazione finalizzato alla produttività aziendale. (120 ore - Progetti ex lege 236/93, interventi di formazione continua).

- Negli anni 2000 - 2001 - 2002 ha realizzato - autorizzato con Decreti del Ministro della Pubblica Istruzione - corsi residenziali (Acqualoreto di Baschi - Umbria) di formazione ed aggiornamento in: "Metodologia e tecniche della comunicazione interpersonale" per docenti e capi di istituto delle scuole di ogni ordine e grado del territorio nazionale. (200 ore).

- In Novembre 2003 ha svolto attività di docenza presso l'Università degli studi di Siena - Facoltà di lettere e filosofia di Arezzo

(Corso di perfezionamento in "Cultura e consapevolezza dei sentimenti e delle emozioni") con un proprio seminario: "l'educazione dei sentimenti e delle emozioni. Un nuovo metodo pedagogico per l'insegnamento della comunicazione".

- Nell'anno 2004 ha svolto attività di docenza (100 ore) realizzando il Corso: "L'approccio emotivo e relazionale nell'assistenza geriatrica" – basato sulla propria metodologia – presso il centro di formazione AUSL n.2 - Perugia - (16 crediti ECM).

- Negli anni dal 2002 al 2005 ha svolto incarichi di "Tutor" di corsi di formazione e di "docente" in comunicazione presso l'Agenzia di Formazione "Psyco Praxis" di Perugia ed è consulente presso l'Istituto Statale d'Arte "Bernardino Di Betto" di Perugia (2002 - 2003).

- Nel giugno 2002 ha pubblicato "La Comunicazione Riuscita" sul Mensile "Interprofessionalità" del CePASA di Spoleto - Anno XII – n. 83.

- Dal 2005 ad oggi (già membro, in Umbria, del direttivo regionale dell' Associazione Italiana Formatori - AIF) è dedito all'attività organizzativa e didattica della Scuola di Comunicazione di Acqualoreto che presiede. (tra le attività 2010: Corsi di formazione in Educazione delle Emozioni e Sentimenti presso Scuola Media Pascoli– PG e Scuola Elementare di Collazzone – PG).

- Nel 2010 e 2011 è stato Volontario del soccorso della Croce Rossa Italiana.

- Nel 2016 (25 maggio) partecipa come relatore, preso l'Università per stranieri di Perugia, al Seminario "mobbing e stress da lavoro" organizzato dal CUG "Comitato Unico di Garanzia per le pari opportunità".